슬로 커브를 한 번 더

SLOW CURVE O、MO IKKYU
© Sachiko Inuzuka 1985, 2012
First published in Japan in 1985 by KADOKAWA CORPORATION, Tokyo.
Korean translation rights arranged with KADOKAWA CORPORATION,
Tokyo through JM Contents Agency Co.

이 책은 JMCA를 통한 저작권자와의 독점계약으로 모로에서 출간되었습니다.
저작권법에 의해 한국 내에서 보호를 받는 저작물이므로
무단전재와 복제를 금합니다.

들도 커브를 한 번 더

야마기와 준지 지음 고은하 옮김

후회 없는 공을, 마음껏 던져라!

모로

차례

8월의 칵테일 광선 ··· 7

에나쓰의 21구 ··· 53

단 한 사람의 올림픽 ··· 91

등번호 94 ··· 133

더 시티 복서 ··· 179

김나지움의 슈퍼맨 ··· 227

슬로 커브를 한 번 더 ··· 275

폴 볼터 ··· 329

옮긴이의 말 ··· 381

※일러두기

1. 원서에서 저자가 강조점으로 강조한 부분은 고딕체로 표기했다.
2. 1985년 처음 출간된 원서에는 볼 카운트가 S-B-O 순으로 표기되었지만, 독자의 불편을 줄이기 위해 본서에서는 B-S-O 순으로 표기했다.
3. 모든 주는 옮긴이 주다.

8월의 칵테일 광선

- 1 -

단 '한 개의 공'이 인생을 바꿔버리는 일이 일어날 수 있을까. 아마 '한순간'으로 바꿔 읽어도 좋을 것이다.
　그건 한여름에 일어난 일이었다.
　여름이 아니면 그런 일은 없었을지도 모른다. 여름은 가끔 뭔가를 미쳐버리게 하니까.
　8월 16일 맑음. 기상 캐스터는 그날 기온이 30도를 넘을 거라고 했다.

- 2 -

공은 비슬비슬 날아올랐다.
　타구에 힘은 없었다.
　고시엔구장에 있던 3만여 명의 관중은 단 한 명도 빠짐없이 모두 그 공을 좇았을 것이다. 흰 공이 칵테일 광선˚ 속으로 가냘프게 떠오른 그 순간, 구장은 한숨도 환호성도 묻어버리는 엄청난 함성에 휩싸였다.

그 공을 쳤던 건 미노시마고등학교의 모리카와 야스히로였다. 고시엔 마운드에는 세이료고등학교의 가타다 도시아키가 있었다.

가타다가 던진 공은 가운데 높은 직구였다. 당시 시각은 저녁 7시 반 정도를 향해가고 있었다.

미노시마와 세이료의 경기는 연장 16회 말••에 돌입한 상태였다. 스코어는 2대3. 4회에 양 팀 모두 1점을 냈지만, 그 뒤로 점수가 나지 않아 경기는 그대로 연장에 들어갔다. 12회 초, 세이료가 1점 득점에 성공했지만 12회 말 미노시마가 2아웃 상황에서 다시 동점을 만들었다. 솔로 홈런이었다.

16회 초, 세이료가 다시 1점을 추가했다. 세이료는 이 경기에서 세 번째로 앞서가고 있었다.

16회 말, 마운드에 오른 세이료 투수 가타다는 간

- 고시엔구장의 조명을 뜻하는 말. 백열등, 수은등 등 두 종류 이상의 전구를 쓰면서 칵테일 광선이라는 말이 붙었다는 설이 있다. 고시엔구장은 2022년 모든 조명을 LED화했다.
- •• 일본 고교야구는 1999년까지 연장 18회 무승부 시 재경기 규칙이었다.

단하게 2아웃을 잡았다. 2루 땅볼과 포수 앞 땅볼이었다. 너무 쉽게 2아웃을 만들었다. 그렇다고 가타다가 방심한 건 아니었다.

가타다가 마지막일지도 모르는 타자인 모리카와에게 던진 공은 다소 높게 들어왔다. 지금이다, 라고 생각한 순간 배트가 움직였다. 하지만 모리카와가 휘두른 스윙과 달리 타구에는 힘이 없었다.

"이제 끝난 건가……"

1루 쪽 벤치에 있던 미노시마 선수들은 모두 다 그렇게 생각했다.

힘없는 타구는 1루 쪽 벤치를 향해 날아올랐다.

세이료의 1루수 가토 나오키가 공을 쫓았다. 그는 타구를 올려다보며 종종걸음으로 따라갔다.

- 3 -

누구에게나 실패는 있다.

1979년 여름, 한 1루수가 공을 놓쳐버렸다. 수천만 명이 그 장면을 보고 있었다. 그 '순간'은 그를 나쁜 영웅으로 만들기에 충분했다.

"……그때 공을 놓쳐서 뭔가 응어리가 남은 건 아니에요.

그 뒤로 여러 가지 말을 들었어요. 다들 농담으로 한 말이었죠. '그 실책 일부러 그런 거야?' 같은 것들요. 하지만 악의는 없는 사람들이었어요. 뒤에서 수군거리는 것보다는 훨씬 나았으니까요. 처음 보는 사람한테 세이료 야구부 출신이라고 말할 때가 있는데 제가 먼저 말해요.

16회에 고시엔 칵테일 광선에 들어간 공을 놓친 그 가토, 그 1루수가 저라고요.

그러니까 창피한 건 전혀 없어요, 정말로.

하지만 역시 뭔가 찝찝한 부분은 있죠. 그건 아마 제 평생을 따라다니지 않을까 싶어요.

딱 맞아떨어지지 않았어요. 그러니까 놓친 것도 아니었죠. 공이 글러브에 닿지도 않았거든요. 팔을 뻗었을 때는 이미 제가 넘어져 있었어요. ……이렇게 생각하는 것 자체가 뭔가 남았다는 거겠지만…… 근데 그 장면이 계속 보여요. 공이 파울 지역에 떴고, 저는 낙구 지점을 찾아 대시했어요. 평소라면 미리 가서 공이 떨어지길 기다리고 있었을 거예요. 근데 그때는 낙구 지점에 갔다는 기억이 없어요. 순간 공이 라이트에 가려져서 안 보였거든요. 그 공이 다시 보일 때쯤에는 한 바퀴를 돌고 있었어요. 저는 왼쪽 다리가 인조 잔디에 걸린 줄 알았는데, 나중에 TV로 보니까 왼쪽 다리는 인조 잔디랑 흙에 걸쳐져 있고 오른쪽 다리가 걸린 거였더라고요.
    제가 그 공을 잡았다면—"

- 4 -

만약 가토가 파울 지역에 뜬 공을 잡았다면 그 경기는 이변이라는 평가를 받았을 것이다. 우승 후보인 미노시마는 아깝게 패했을 것이고, 선수들은 숙소로 돌아가 눈물을 흘리고, 샤워로 땀을 씻은 뒤 식사를 하고,

내일에 대해 생각했을 것이다.

그리고 아무 일도 없었던 것처럼 시간이 흘렀을 것이다.

그러나 한여름의 광경은 그다음 1구도 만들어냈다. 이건 우연일까, 필연일까.

1루수 가토가 파울볼을 잡지 못한 직후, 타자 모리카와는 투수 가타다의 공을 좌측 담장 뒤로 넘겨버렸다.

모리카와가 "저는"이라며 입을 뗐다. "한 번도 홈런을 쳐본 적이 없었어요. 현県 대회 예선에서도 못 쳐봤죠. 어쨌든 계속 중견수 쪽으로 치려고만 했어요. 그것밖에 몰랐어요. 그렇게 쳤더니 홈런이 돼버렸으니까요."

모리카와는 홈런을 치던 순간, 손바닥에 느껴지던 감촉, 그 손맛을 잊지 못했다. 그 뒤로는 다시 한번 똑같은 홈런을 칠 수 있지 않을까, 하는 생각에 사로잡히고 말았다.

떨치려고 해봤지만 홈런의 쾌감은 아무리 잊으려 해도 고개를 쳐들었다. 정신을 차렸을 때는, 이미 크게 흔들린 뒤였다.

"1년이 지나고서야, 겨우 그 버릇을 고쳤을 정도였어요."

그는 그 '순간'의 손맛에 홀려 이후 1년을 살았다. 홈런은 치지 못했지만 그 손맛에는 충실했다.

두 개의 '1구'를 던진 투수가 마운드 위에 있다는 사실도 잊지 않았으면 한다. 그 역시 빼놓을 수 없는 인물이다.

세이료의 투수, 가타다 도시아키의 말이다. "패스트볼을 바깥쪽으로 낮게 던지려고 했어요. 근데 그게 가운데로 높게 들어간 거예요. 저도 알고 있었어요. 16회에는 생각했던 것만큼 다리가 올라가질 않았거든요. 피곤하다거나 그런 건 아니었어요. 그런데 다리가 안 올라가더라고요. 그래서 제구가 잘 안됐던 것 같아요. 1루수 실책이요? 전혀 신경 안 썼어요. 어쨌든 1점 앞서고 있었고 16회 말 2아웃, 볼 카운트는 0-1이었으니까요……"

확실히 그랬다. 1루수 가토 역시 자신의 실책을 신

경 쓰지 않았다. 모리카와의 동점 홈런이 나오기 전까지는 말이다.

모두 한순간에 일어난 일이었다. 인조 잔디에 발이 걸려 넘어지는 데, 시간까지는 필요 없다.

연장 16회 말, 경기는 다시 원점으로 돌아갔다.

- 5 -

벤치에서 엉덩이를 들지 않았던 사람들 얘기도 해야 한다.

수비를 하고 있던 세이료의 벤치에는 백업 선수들과 감독이 있었다. 감독은 다이아몬드에 직접 들어가지는 못하지만 안달할 수밖에 없는 처지다. 경기에 참여하고 있지만, 참여하고 있지 않은 셈이다. 걱정하는 데 전력을 다하는 관찰자다.

"그 1루 파울 플라이, 공이 뜬 순간부터 못 잡을 거라고 생각했어요."

세이료의 야마시타 도모시게 감독은 3루 쪽 벤치

맨 앞줄에서 그 타구를 올려다보고 있었다.

"저는 선수들의 컨디션이나 피로도를 잘 알고 있어요. 당연히 가토의 상태도 보고 있었죠. 파울볼을 쫓아 대시하는 가토를 봤는데, 낙구 지점을 포착하지 못할 것 같더군요. 공을 잡을 수 있다는 생각이 들면, 저도 모르게 벤치에 올라서서 공 잡은 선수의 기쁜 얼굴을 보는 버릇이 있어요. 그런데 그때는 엉덩이가 전혀 들썩거리지 않았죠.

경기를 하며 쌓인 피로를 생각하면, 사실 가토뿐만 아니라 다른 선수들 역시 비난할 수 없다고 봅니다. 14회쯤부터 분명히 모든 선수의 안색이 안 좋았거든요. 그때는 승패를 떠나 다들 그라운드에서 쓰러지지나 않았으면 좋겠다고 생각했어요. 게다가 저는 평소에 훈련을 호되게 시키니까 애들 상태를 잘 알고 있잖아요. 연장 16회가 되면, 육체는 물론 정신도 굴복하고 싶어지죠."

감독이라는 인종에 대해 늘 생각하는 것이 있다. 그들은 즐거울까. 감독 입장에서 보는 그라운드의 광경은 그 자신이 잃어버린 과거를 추억하게 한다.

대다수 감독은 더는 젊지 않다. 튀어 오를 것 같던 육체는 사라진 지 오래다. 그래도 그는 야구에 전념하고 있다. 그 누구보다 자신이 한결같다는 걸 보여주면서. 세상에는 슬픈 열정도 있다.

"고시엔에 오려고 정말 힘들게 훈련했어요. 1978년 현 대회에서 딱 한 번만 이기면 고시엔에 가는 거였는데, 가나자와고등학교에 대패했거든요. 그해 여름, 정말 찌는 듯한 더위 속에서 그야말로 쓰러질 때까지 훈련을 시켰습니다. 실책을 하면 주먹이나 배트로 때리기도 했죠. 겨울에는 밖에서 연습을 못 하니까 실내에서 매일 웨이트를 하게 했어요. 바벨 운동, 단거리 달리기, 허들……. 대부분 겨울 훈련 때 그만뒤요. 방과 후 연습이라고 하지만 매일 오후 3시 반부터 7시 반이나 8시까지 쉴 틈 없이 시키거든요. 선수들도 진짜 지독하다고 생각할 거예요. 게다가 선수들을 이틀씩 교대로 저희 집에서 재웠어요. 1979년 봄에 부모님한테 돈을 빌려서 집을 지었거든요. 학교에서 아무리 혹독한 훈련을 받아도 집에 가서 부모님이랑 지내다 보면 다시 원래 모습으로 돌아가요. 저는 선수들이 저와 훈련하면서 날것의 뭔가를 배워가길 바랐습니다.

선수들한테 솔직히 말해보라고 하면 '너무 힘들고 피곤해서 싫어요'라고 하겠지만요.

어쨌든 그렇게 엄청난 훈련 끝에 고시엔에 오게 됐어요. 연장전에 돌입했을 때는, '그간 힘들게 훈련했던 거 생각하면서 이겨내자!'고 말했습니다. 이미 굉장히 지친 선수들한테 화를 내거나 하면 도리어 위축돼서 편하게 경기를 할 수 없거든요. 그래서 '지면 내가 책임질 테니까 너희는 하던 대로만 해'라고 했어요.

지든 이기든 좋았어요. 선수들한테는 말하지 않았지만, 사실 미노시마를 이길 수 있을 거라고 생각하진 않았거든요."

세이료의 야마시타 감독은 그런 생각을 하고 있었다.

당시 미노시마는 아주 강력한 우승 후보였다. 4개월 정도 전인 1979년 봄, 선발고등학교야구대회* 우승팀이 미노시마였다. 게다가 1년 전인 1978년에는 선발뿐만 아니라 여름 고시엔에도 출전했는데, 1979년 여름 고시엔에 오면서 4회 연속 고시엔 출전을 기록하게 됐다. 그 4회 모두 에이스 투수 이시이가 던졌다. 이시이는 고시엔을 네 번이나 경험한 베테랑이었다.

- 7 -

'게임' — 이 얼마나 재밌는 말인가.

사람이라면 누구나 자신의 삶에서 최소한 한 편의 소설은 끄집어낼 수 있는 것처럼, 어떤 게임이든 계속해서 회자되는 장면이 하나쯤은 있다. 인생이 게임 같

---

* 매년 3월 고시엔에서 열리는 일본고교야구대회. 추계대회 성적이 우수한 32개 학교를 선발해 겨루는 대회로 '봄 고시엔'이라고 불린다.

은 것이어서일까, 아니면 게임이 인생의 축소판이어서일까.

    게임이 시작된다.

    세이료와 미노시마의 게임은 다음과 같이 시작됐다.

- 8 -

고시엔 그라운드의 흙은 빨리 마른다. 물은 뿌리자마자 흙에 흡수되거나 증발한다. 바람이 불면, 희미하게 수분을 머금은 공기가 관중석으로 날아들고, 관중들은 그걸 고시엔의 흙내라 여긴다. 구장 입구는 오징어 굽는 냄새로 가득하다. 그건 시원한 향이 아니다. 끈적하고 달라붙는 듯한 향기로 존재한다. 시원한 건 오히려 향기가 적은 꽁꽁 언 얼음이다. 땀은 흐르자마자 증발하고 소금기만 남는다. 멈출 줄 모르고 흐르는 땀은 황혼과 함께 피부에 축축하게 달라붙는다.

    세이료와 미노시마 모두 오전 11시가 조금 넘어 훈련을 시작했다. 세이료는 스미토모금속 종합그라운드에서, 미노시마는 후생연금 그라운드에서 가볍게 워 밍업을 했다.

미노시마의 에이스 투수 이시이 다케시는 어깨를 푸는 정도의 캐치볼만 하고 연습을 마쳤다.

"힘들 수도 있다는 생각 같은 건 안 했어요. 제 피칭을 하면 이길 수 있다고 생각했죠. 늘 그랬어요. 대개 제 피칭을 못 해서 졌거든요. 침착하게 던지면 이길 수 있어요. 그게 다예요.

고시엔 마운드에 오른다고 긴장하진 않았어요. 벌써 네 번째잖아요. 처음 고시엔 마운드에 오른 게 고등학교 2학년 봄이었는데, 그때도 아무렇지 않았어요. 입장식을 할 때는 좀 떨렸지만, 경기 시작 전에 불펜에서 공 두세 개 던졌더니 괜찮아지더라고요. 세이료랑 할 때도 마찬가지였어요. 경기 전 미팅에서, 세이료 선수들 기록이나 세이료와 저희가 시합할 때 타격 성적 등을 봤지만 그게 다였어요. 세세한 조언 같은 건 없었죠. 포수랑도 별다른 얘기 안 했어요. 뭐가 됐든 제 피칭을 하면 되니까요. 이길 방법은 그것뿐이니까요."

미노시마 선수들은 이 게임이 연장전에 들어가거나 길어져서 야간 경기가 되기를 고대하고 있었다. 이날 네 번째 경기*의 예정 시작 시각은 오후 4시였다. 세 번째 경기의 진행이 늦어지거나 뭔가 다른 이유로 네 번째 경기가 야간 경기가 되는 건 있을 수 있는 일이었다. 고시엔에 4회 연속 진출한 미노시마 선수들에게는 야간 경기만이 고시엔에서의 첫 경험이었다.

미노시마의 4번 타자, 기타노 사토시의 말이다. "3차전 순서 추첨을 할 때, 주장한테 말했어요. 어디랑 붙든 상관없으니까 네 번째로 뽑아달라고요. 저희 다 그런 마음이었어요. 제일 마지막에 하면 야간 경기를 할 수도 있으니까요. 고시엔에 들어간 게 오후 2시 반쯤이었는데 대기실이랄까, 벤치 뒤 복도에 세이료 선수들이 먼저 와 있었어요. 통로를 사이에 두고 마주 앉아 있었지만,

---

• 일반적으로 봄 고시엔과 여름 고시엔은 준결승, 결승을 제외하고 아침 8시부터 하루에 서너 경기가 편성된다.

저희는 그저 오늘 경기가 야간 경기가 될지 안 될지 내기만 했어요. 뭘 건 게 아니라 말로만 했지만요. 세 번째 경기까지 진행이 그렇게 늦지는 않았어요. 원래 예정된 시각에 할 것 같더라고요. 그래서 4시부터 시작하면 몇 시에 끝난다든가, 일몰은 몇 시쯤인지 서로 그런 걸 말하고 있었어요."

반면 세이료는 그럴 만한 여유가 없었다.

세이료의 야마시타 감독은 고시엔 출발을 앞두고, 교장에게 8강까지는 가겠다고 말했다. 그러니까, 8강에 가기 전까지는 "가능한 한 약한 학교와 붙고 싶었다"는 것이다.

"주장한테 1차전은 부전승* 뽑으라고, 만약 못 뽑으면 온몸의 털을 다 깎아버리겠다고 했더니 진짜 부전승을 뽑은 거예요. 2차전 때는 우지고등학교를 뽑으라고 했어요. 교토나 오사카 쪽 학교는 원정 때 자주

---

* 여름 고시엔에는 49개교가 출전하기 때문에 1차전을 부전승으로 통과하는 팀이 생긴다.

만나서 대충은 알고 있었거든요. 그래서 간사이 쪽 학교와 붙고 싶었죠. 그렇게 생각하면서 우지킨토키 아이스크림을 먹고 있는데 갑자기 뭔가 번쩍하더라고요. 2차전은 우지다! 그런 생각이 들었는데 진짜 그대로 됐어요."

세이료는 예상대로 그 우지를 8대0으로 크게 이겼다. 그리고 3차전에서 미노시마를 뽑아버렸다.

후공인 미노시마가 수비에 들어가고, 나가노 주심이 플레이볼을 선언했다. 고교야구연맹의 기록원은 손목시계를 들여다봤고, 공식 기록에 "시합 개시, 오후 4시 6분"이라고 써넣었다.

미노시마의 에이스, 이시이가 제1구를 던진다. 그가 상대한 첫 타자는 3시간 반 정도 뒤에 1루 쪽에서 파울볼을 놓친 그 가토 나오키다.

경기는 그렇게 시작됐다. 볕은 아직 강했다. 1루를 지키는 미노시마의 기타노는 관중석을 보고 있었다.

"의외로 관중이 많지 않다는 생각을 했어요. 3만 명 정도 들어올 수 있는 큰 구장이라 더 빈 느낌이었달까요. 동네에서 연습 경기를 할 때도 5천 명 정도는 들어오거든요. 그래서 관중이 많은 게 오히려 익숙했죠. 근데 그 고시엔에서 3만이라니, 뭔가 적은 느낌이었어요."

관중이 적네, 전혀 타오르지 않는군. 고시엔에 익숙해진 고등학생은 그렇게 생각했다. 게임이 시작되기 전까지는 말이다.

- 9 -

게임에서 가장 게임적인 장면이 나오려면 복선이 필요하다.

미노시마의 비토 다다시 감독은 당연히 이 경기도 이길 생각이었다. 그래서 선수들을 엄격하게 훈련시켰다.

"매일 꼭 누가 맞았어요. 특히 주전인 저희가 주로 맞았죠. 그래야 후배들이나 백업 선수들도 더 긴장하니까요. 아마 저는 혼나지 않고 안 맞았던 날을 꼽는 게 더 빠를 거예요. 그 정도로 엄하셨어요."

미노시마의 4번 타자, 기타노는 그렇게 말했다.

이렇게까지 훈련을 한 팀이었다. 평소처럼 하면 이길 수 있을 거라고 생각했다. 하지만 비토 감독에게도 걱정은 있었다.

"주장인 우에노야마의 몸 상태가 좋지 않았어요. 세이료와의 경기 이틀 전부터 고열이 나더니 결국 몸져누웠죠. 볼거리에 걸려서 열이 38~39도까지 올랐어요. 밥도 전혀 못 먹는 상태였고요. 와카야마에 애들을 늘 봐주는 선생님(의사)이 계세요. 고시엔까지 오셔서 계속 봐주시긴 했는데, 경기 전날 밤에도 열이 39도였어요. 당장 내일이 시합인데 나갈 수 있을지 걱정됐죠.

그런데 당일 아침에 열이 좀 내려서 경기에 내보낸 거였어요. 선생님에게 진찰을 받고서는, 어떻게든 될 거라고, 정말 나가고 싶다고 하길래 라인업에 넣었죠. 하지만 걱정이 되긴 했어요. 여러모로 찝찝했죠."

- 10 -

아픔을 무릅쓰고 출전하다.

 아름다운 이야기 아닌가. 고시엔 야구라면, 이 정도 비극은 있는 편이 좋다. 건강했다면 아무것도 아닐 이야기는, 아픔이 들어가면서 완전히 다른 이야기로 바뀐다. 게임에서 이기느냐, 지느냐 이전에 야구를 할 수 있느냐, 아니냐 하는 위기감이 그를 버티게 해준다. 위기감을 딛고 선 그의 안에서는 드라마가 싹트게 된다.

 열이 좀 내려갔다곤 하지만 여전히 38도였다. 그마저도 주사를 맞아 잠깐 내려갔을 뿐이었다.

 "아무것도 안 먹었어요." 병든 남자가 말했다.

 "연습도 안 했고요. 그라운드 나갔을 때는 멍하게 있었어요. 그래서 경기 자체도 잘 기억이 안 나요. 경기 도중에 눈이 침침해지면서 공이 안 보이는 상태까지 됐거든요. 열이 다시 난다는 건 알고 있었어요. 그런데 교체되고 싶진 않았어요. 감독님도 저한테 도중에 포기하라고 하진 않았고요.

어쨌든 끝까지 하려고 했어요. 9회에 끝날 줄 알았으니까요."

우에노야마 요시히사는 2루수였고, 타순은 3번이었다. 1회 말, 곧바로 우에노야마의 타순이 돌아왔다. 2아웃, 주자 없음. 우에노야마는 세이료의 에이스 가타다가 던진 공을 잡아당겼고 타구는 좌중간으로 날아갔다. 깊은 타구는 아니었지만 우에노야마는 중견수의 수비를 제치고 2루까지 갔다. 우에노야마가 다시 타석에 선 4회 말, 미노시마는 세이료에 1점 뒤처지고 있었다. 세이료가 1점을 딴 직후인 4회 말의 선두 타자가 된 우에노야마는 우익수 쪽으로 안타를 쳤다. 이 안타로 1대1이 됐고, 이것이 세이료를 따라잡는 도화선이 됐다. 그러나 우에노야마는 여기까지였다. 그 뒤로는 계속 범타만 이어졌다.

"우에노야마를 탓할 생각은 없어요. 주장이 노력하는 모습 자체가 선수들이 의지를 불태우는 연료가 되거든요."

비토 감독은 그렇게 생각했다.

그러나 그건 도박이다. 고열에 시달려 공도 잘 안 보이는 선수에게 타구가 날아가면…… 실책으로 이어질 확률이 높다. 이런 리스크에도 불구하고 주장을 경기에 내보내는 것, 어쩌면 그게 고교야구일지도 모르겠다.

우에노야마가 지키는 2루로 타구가 날아간 건 2회와 3회였다. 그는 자신에게 날아온 타구를 어렵지 않게 처리했다. 이후 연장 12회가 될 때까지 2루 땅볼은 나오지 않았다. 이건 아마 미노시마에게 큰 행운이었을 것이다.

9회가 끝났지만 스코어는 1대1. 경기는 연장에 들어갔고, 동시에 고시엔의 조명탑 스위치가 켜졌다. 서쪽의 푸른 하늘은 아직 밝게 보였지만, 경기 시작 때와 비교하면 햇볕이 훨씬 약해져 있었다.

8월 하늘에 칵테일 광선이 빛났다. 야간 경기가 시작된 것이다.

예쁘다.

경기를 하며 느끼는 긴박함과는 별개였다. 야간 경

기를 하고 싶어 했던 미노시마 선수들만 이렇게 생각한 것도 아니었다.

- 11 -

극적인 공간의 등장. 아마 그들은 무대에 선 뮤지션 같은 기분이었을 것이다. 왠지 모르게 들뜨는 상태.

세이료 마운드를 지키는 가타다도 미노시마 선수들과 똑같이 생각했다. 세이료 1루수 가토 역시 야간 경기에 감탄하는 중이었다.

"지금도 고시엔에서 야간 경기를 했다고 생각하면 저절로 입꼬리가 올라가요. 그 장면을 떠올릴 때마다 싱글벙글해지고요. 그 정도로 예뻤어요."

경기가 길어져 야간 경기에 들어간 건, 미노시마의 주장 우에노야마에게는 그다지 기쁜 일이 아니었다. 아침에 내렸던 열은 해가 지면서 다시 올라갔다. 그리고 바로 그에게 게임 전개의 열쇠가 쥐여졌다.

"자리를 지키고 있긴 했지만 타구는 거의 안 보이

는 상태였어요. 한동안 땅볼이 안 나온 게 다행일 정도로요.

12회 초에는 다시 타구가 좀 보였어요. 세이료 선두 타자가 2루 땅볼을 쳤는데, 그건 어렵지 않게 처리했거든요. 그런데 이시이가 바로 안타를 맞고 볼넷도 줬어요. 1아웃 1, 2루였네요. 그때 타석에 들어선 타자, 맞아요, 분명히 8번 타자가 2루 땅볼을 쳤어요. 타구가 정확하게 보였죠. 그래서 아쉬운 거예요. 눈이 침침했을 때면 몰라도 확실히 보였는데 실책을 했으니까요. 진짜 약한 땅볼이었는데. 거친 그라운드에 공이 굴러왔고, 1루 주자가 제 앞을 지나 달려갔어요. 그 순간 제가 살짝 주자를 봤을지도 모르겠어요. 정신을 차리고 보니까, 공은 이미 글러브에 맞고 튕겨서…… 뒤로 빠졌더라고요. 그사이 2루 주자가 홈을 밟았죠. 우익수 쪽으로 굴러간 공을 잡고 홈을 봤을 때는 이미 주자가 홈에 들어가고 있었어요.

타임 때 모든 내야수가 마운드에 모였어요. 그런데 저는 못 가겠더라고요. 저 때문에 큰일이 났다는 생각도 들고, 실책을 한 게 너무 창피했거든요. 전광판 E에 불이 켜졌어요. 실책이 분명했다는 거죠. '괜찮아, 괜찮아' '신경 쓰지 마' 이런 말들이 나왔지만 고개를 못 들겠더라고요. 이것 때문에 질 거라고 생각했어요. 이걸로 끝이라고요.

12회 초 세이료의 공격이 1득점으로 끝났지만, 저는 벤치에서 울었어요. 너무 아쉽고 팀원들한테 너무 미안해서 울 수밖에 없었어요.

저희 공격인 12회 말에는 거의 바로 2아웃이 되더라고요.

점점 더 생각했죠. 이제 진짜 끝났구나.

그런데 거기서 시마다가 홈런을 친 거예요. 어떻게 그런 일이 일어날 수 있어요. 동점이 됐다고요. 연장 12회 말 2아웃에서 홈런이 나왔다고요."

- 12 -

바로 그 홈런을 맞은 세이료의 투수 가타다는 어안이

벙벙한 채로 타구를 쳐다봤다. 칵테일 광선 속으로 하얀 공이 날아가고 있었다. 관중석으로 공이 떨어지자, 환호성이 터져 나왔다. 가타다는 마치 남 일처럼 "드라마 같다"고 생각했다. 1루를 지키던 가토는 이렇게 말했다. "TV 보는 것 같았어요. 야간 경기에서 나오는 홈런은 관중석에 저렇게 떨어지는구나 싶었죠."

이 드라마의 뼈대를 지탱하던 건, 어쩌면 빛일지도 모르겠다. 8월의 칵테일 광선. 그것이 청춘의 빛을 끌어냈다…….

- 13 -

말이 상황을 만드는 걸까, 아니면 상황이 말을 나오게 하는 걸까. 정확한 인과관계는 알 수 없다. 연장 12회 말 동점 홈런을 친 시마다는 미노시마의 포수였다.

2아웃이 됐을 때, 시마다는 감독에게 이렇게 말했다.

"감독님, 홈런 치고 오겠습니다."

이 얼마나 영웅적인 대사인가. 시나리오 작가도 이

상황에서 이런 말을 쓰지는 못할 것이다. 마치 1950년대에 나온 영화 〈등번호 16〉*의 세계 같다. 야구의 세계에서 1960~1970년대는 어떤 시기였을까, 라는 생각도 하게 된다.

비토 감독은 시마다의 '기백'에 밀려 무심코 고개를 끄덕였다고 한다. 사실 이건 정확한 배팅을 우선하는 비토 감독에겐 있을 수 없는 일이었다. 물론 시마다에게도 그건 일어날 수 없는 일이었다. 그는 고시엔에서 홈런을 친 적이 없었다. 홈런을 치는 타자가 고교야구에서 1번 타자를 하고 있을 리가 없다.

당시 시마다는 비장한 마음으로 그런 말을 한 건 아니었다. 오히려 가벼운 마음이었다.

"추억을 만들고 싶다고 생각했어요. 그 타석이 마지막일 수도 있잖아요. 홈런 치고 오겠다고 해놓고 타석에 섰는데 범타로 끝나면 얼마나 웃기겠어요. 그건 그

---

* 타격의 신으로 불리며 요미우리 자이언츠의 영구결번이 된 가와카미 데쓰하루에 관한 영화.

거대로 추억이 되잖아요."

1980년대적 합리주의는 여기에도 있었다.

- 14 -

마운드 위에 있는 가타다에겐 시마다와 비토 감독의 대화가 들리지 않았다. 가타다는 생각했다. 안타는 맞을 수도 있어. 하지만 홈런은 없어.

이유는 없었다. 그서 막연하게 조심해야 한다고 생각하고 있었다. 좌완 가타다가 시마다에게 던진 두 번째 공은 커브였다. 그 커브는 산더미처럼 굴러갔다. 우타자의 몸쪽으로 파고들 듯 휘어진 것이 아니라 바깥쪽 높은 곳에서 가운데로, 마치 기적의 장소로 빨려 들어가듯 휘어졌다.

시마다의 타구가 좌익수 쪽 럭키존*으로 날아들기

* 구장이 큰 편이라 홈런이 잘 나오지 않았던 고시엔에는 1991년까지 외야에 가설 펜스가 설치돼 있었다. 이 펜스와 외야석 사이의 공간을 럭키존이라고 불렀다.

까지 5초도 걸리지 않았다.

영웅은 등번호 2*를 단 포수였다. 등번호 2는 12회 말 다이아몬드 한 바퀴를 돌았다.

- 15 -

경기는 그대로 16회까지 진행됐다.

미노시마의 투수 이시이의 투구 수가 200개를 넘은 게 16회 초였다. 이시이-시마다 배터리는 피안타가 많았지만, 중요한 순간에는 확실하게 막았다. 에이스는 끝까지 에이스로 남으려 하고 있었다.

"시마다가 올라와서 얘기할 때도 야구 얘기는 전혀 안 했어요. 저는 처음이랑 똑같았거든요. 제 피칭이 무너지지만 않으면 끝까지 던질 수 있다고 생각했죠. 그래서 배고프다, 빨리 뭐 먹고 싶다, 얼른 끝내고 숙

- 일본 고교야구에서 선수들의 등번호는 포지션 번호로, 포수인 시마다는 2번을 달고 있었다.

소 가자…… 그런 얘기만 했어요. 그 뒤로는 던지기만 하면 되니까요."

이시이는 16회 초 1아웃을 잡은 뒤, 세이료의 4번 타자 가와이를 몸 맞는 공으로 내보냈다. 다음 타석에 들어선 가타다의 내야 안타로 이시이는 주자 1, 2루의 위기까지 맞았다. 그다음 타자는 2루 땅볼로 잡았지만, 이후 세이료의 주장 야마시타가 우익수 쪽으로 장타를 쳤다. "그때 던진 게 바깥쪽 낮은 직구였어요. 스트라이크로도 볼 수 있는 코스였죠. 친다고 해도, 파울이 될 거라고 생각했어요." 그러나 그 타구는, 아슬아슬하게 파울라인 안쪽으로 떨어졌다. 투수가 몸 맞는 공으로 동요한 틈을 탄 세이료는 다시 1점을 앞섰다.

또다시 뒤처진 미노시마의 비토 감독은 이제 져도 후회는 없다는 생각을 하게 된다. 양 팀 모두 기회를 만들며 시소게임을 반복했다. 게다가 미노시마의 이시이는 3실점, 세이료의 가타다는 2실점만 했을 뿐이다. 양 팀 모두 필사적으로 점수를 지키고 있었다.

미노시마가 공격하는 14회 말에는 보기 드문 플레이도 나왔다. 1아웃 주자 3루 상황, 세이료의 3루수 와카사가 페이크 동작으로 3루 주자를 없앤 것이다. "그때까지 저는 삼진만 다섯 번을 당했어요. 팀에 전혀 도움이 되지 못했죠. 그쯤 뭔가 하려고, 계속 노리고 있었어요."

1루 벤치에 있던 미노시마의 비토 감독이, 번트 사인을 언제 낼까, 그것만 생각하고 있을 때였다. 그의 머릿속에서는 끝내기 스퀴즈 장면이 재생되고 있었을 것이다. 그런데 페이크 동작이라는 기발한 플레이에 막혀 그걸 실현할 수 없어졌다. 양 팀은 3시간 반 가까이 이런 식으로 투쟁했다. 그러니 지고 있는 비토 감독이 16회 말 2아웃 주자가 없는 그라운드를 보며 묘한 만족감에 젖어 있었다는 건 이상하지 않다.

세이료의 야마시타 감독은 비토 감독과 반대였다. 16회 초에 1점을 내며 세 번째로 이 경기를 앞설 때, 그는 처음으로 이길 수 있을 거라는 생각을 했다. 그러나 불과 2~3분 후, 1루수 가토가 공을 놓친 덕에 간신히 패배의 상황을 모면한 미노시마의 모리카와가 좌중간으로 홈런을 치고 다이아몬드를 돌고 있었다.

경기는 18회인 마지막 이닝까지 알 수 없어졌다.

- 16 -

그동안 적어도 두 명의 타자가 홈런을 노리고 있었다. 한 명은 미노시마의 4번 타자, 기타노 도시후미였다. 그는 이 경기에서 단 한 개의 안타도 못 치고 16회까지 왔다.

"16회 말 선두 타자가 저였어요. 거기서 한 방 치려고, 초구부터 노리고 있었죠. 치면서도 아, 너무 빨랐다, 이런 생각을 했는데 이미 늦었더라고요. 2루 땅볼이었어요."

다른 한 명은, 16회 말 파울볼을 놓친 세이료의 가토였다. 그는 17회 초에 홈런을 노리고 타석에 들어섰다. 홈런을 쳐서 만회하고 싶었다. 그는 너무 간절했다. 실책으로 인한 죄책감은, 그날 바로 치유해버리는 게 좋다. 다쳤을 땐 빨간 약이듯 야구로 받은 상처에는 홈런이 잘 듣는다.

"그 파울볼 잡았으면 동점이 안 됐잖아요. 저희가 이기고 있었으니까요. 그러니까 무조건 홈런을 쳐야겠다는 생각만 했어요. 그런데 결과는, 좌익수 플라이였어요."

18회 초, 세이료에게 기회가 찾아왔다. 17회까지 거의 240개의 공을 던진 이시이가 중견수 앞에 떨어지는 안타를 세 번이나 연달아 맞은 것이다. 그러나 주자 1, 2루 상황에서 잘 맞은 세 번째 안타가 전진 수비를 하고 있던 중견수에게 바로 잡히는 바람에 2루 주자가 홈으로 파고들지 못했다.

"……동점으로 18회가 종료될 경우, 미노시마고등학교와 세이료고등학교의 경기는 무승부로 보고 내일 아침 8시 반부터 재경기를 실시합니다……"

고시엔에 안내방송이 울려 퍼진 건 그때였다. 세이료의 투수 가타다는 2루 베이스에서 그 방송을 듣고 있었다.*

"저희한테 남아 있는 공격은 18회 초 한 번뿐이었어요. 2아웃 만루였는데 결국 마지막 타자가 삼진을 당했죠. 2루 베이스에서 그걸 보고 있었는데, 왠지 힘이 쭉 빠지더라고요. 이대로 끝나면 내일 또 아침 8시 반부터 던지겠구나, 멍하니 그런 생각만 했어요. 마지막 이닝에는 공이 계속 높게 뜨더라고요. 어떻게 할 수가 없었어요. 피곤하다거나 그런 건 아니었는데, 그냥 공이 자꾸 떴어요."

- 17 -

승리와 패배는, 어딘가에서 갈라져야만 한다.

언젠가 그런 순간이 온다. 예를 들면, 세이료 투수 가타다가 고개를 들고, 고열에 시달리는 미노시마의

---

* 당시 경기 타순을 살펴보면, 투수인 가타다는 5번 타자로 18회 초 타석에 선 두 번째 타자였다.

주장 우에노야마의 눈을 들여다보는 순간. 연장 18회 말이었다. 가타다가 공을 받기 위해 마운드에서 내려가 포수 근처로 갔다. 그러곤 타석에 들어선 우에노야마의 눈을 바라봤다. 가타다의 눈이 묘하게 부드러웠다. 순간의 승부를 짊어진 자에게서 느껴지는 긴박함이 없었다. 스스로를 내던짐으로써 마운드를 지키는 투수의 눈이 아니었다.

가타다는 말했다.

"18회 말에 선두 타자를 볼넷으로 내보낸 상황에서 우에노야마가 나왔어요. 근데 좀 이상해 보이더라고요. 마운드 위에서 봐도 몸을 심하게 떠는 것 같았어요. 우에노야마가 감기에 걸렸다는 건 경기 시작 전에 들었어요. 연장 18회까지 왔으니 이제는 무리라고 생각했죠. 번트도 못 댈 것 같았어요. 초구에 번트를 댔는데 1루 쪽으로 굴러가서 파울이 됐거든요. 저는 그때 마운드에서 내려왔고, 포수한테 공을 받으면서 우에노야마의 얼굴을 봤어요. 전혀 초점이 안 맞네. 괜찮은 건가. 이렇게 생각해버렸죠."

동정한 건 아닐 것이다.

이기고 싶다고, 이겨야 한다고 생각했지만 이 작은 일로 가타다의 기력은 사그라들었다.

우에노야마는 그 마지막 타석에 대한 기억이 거의 없다.

"바로 직전부터 코피가 나기 시작했어요. 안 그래도 열이 나서 정말 속수무책이었죠. 코피도 처음에는 한쪽에서만 났는데, 솜으로 막으니까 반대쪽에서도 나더라고요. 타석에 섰는데 공도 거의 안 보였어요. 2구째도 번트를 댔는데 배트에 스치지도 않았고, 3구째도 3루 쪽으로 굴러가서 파울이 됐어요. 스리 번트 아웃이었죠. 정확한 건 나중에 비디오로 보고 알았어요."

가타다는 우에노야마를 삼진으로 잡은 뒤, 기타노에게 볼넷을 내준다.

세이료의 내야수가 마운드에 모였고, 벤치에서는 전령을 보냈다. 전령*은 메모 한 장을 들고 있었다. 야마시타 감독이 휘갈겨 쓴 글이 보였다.

후회 없는 공을, 마음껏 던져라.

하지만, 그의 공은 이미 죽어 있었다.

- 18 -

1964년 고교야구연맹으로부터 처음으로 고교야구대회 심판 의뢰를 받은 나가노 모토하루 주심은, 고교야구대회가 열릴 때마다 자신이 일하는 스미토모금속의 가시마 소재 총무부에 휴가를 내고 고시엔에 온다. 그에게는 고시엔에서의 강렬한 추억이 있다. 나가노가 현역 선수이던 1953년, 그는 도사고등학교의 포수로서 고시엔 그라운드를 밟았고, 마쓰야마상업고등학교와 결승전을 치렀다. 경기를 리드한 건 도사였지만, 버티던 마쓰야마상업은 9회에 동점을 만들었고, 결국

- 일본 고교야구는 감독이 그라운드로 나갈 수 없기 때문에 선수 교체나 마운드 방문 등의 상황에서, 감독의 말을 전할 선수가 있어야 한다. 이 선수를 '전령'이라 부르는데, 주로 백업 선수가 맡는다.

연장 13회에 역전을 했다.

"동점이 된 9회 있잖아요. 그때 동점타를 만든 '소라타니'란 선수가 볼 카운트 0-2로 몰려 있었어요. 그리고 세 번째 스트라이크가 들어왔을 때, 공이 파울팁으로 미트에 들어올 뻔했어요. 제가 잡았다면 삼진으로 아웃이었고 경기가 끝나면서 저희가 우승했을 거예요. 그런데 제가 그 공을 놓쳤어요.

세이료의 가토도 16회 말에 파울볼을 못 잡았잖아요. 공을 놓쳤던 제 모습이 생각나더라고요. 너무 안됐다는 생각이 들었죠.

저는 공 주머니에 늘 공 네 개를 넣고 있어요. 새것도 있고 한 번 쓴 것도 있죠. 그런 안타까운 장면이 나오면 낡은 공을 건네줘요. 새 공은 미끄럽거든요. 제가 해줄 수 있는 건 그 정도뿐이에요.

18회 초에 세이료가 득점 기회를 놓쳤죠. 18회 말에 가타다가 던진 초구를 보는데 실점을 할지도 모른다고 생각했어요. 저는 분명 던지기 쉬운 공을 줬을 거예요. 하지만 공이 죽어 있었어요. 17회까지의 투구

와는 분명히 다르더군요. 피로가 꽤 쌓였을지도 모르죠. 세이료가 이길 가능성은 사라졌기 때문에 도망치고 싶었는지도 모르겠어요. 어쨌든 가타다가 던지는 모든 공이 죽어 있었어요.

타석에 있던 우에노야마도 비장했죠. 그가 번트를 댔던 공도 볼이었어요. 가타다는 우에노야마 다음에 나온 타자에게 다시 볼넷을 주고, 1아웃 1, 2루 상황을 만들었어요. 그때 타석에 우에노가 들어왔을 거예요. 가타다가 우에노한테 던졌던 초구는 몸쪽 낮은 볼이었어요. 두 번째 공은 가운데 높은 볼이었고요. 어쩔 도리가 없을 정도로 제구력이 망가지고 있었죠. 볼 카운트 2-0에서 던진 것도 볼이었을 거예요. 패스트볼이었죠. 우에노는 그 공을 좌중간으로 날렸어요.

2루 주자였던 쓰지우치가 3루를 돌아 홈으로 돌진했어요. 슬라이딩을 하지 않아도 충분히 들어올 수 있는 타이밍이었죠. 그래도 쓰지우치는 헤드 퍼스트 슬라이딩을 하면서 홈으로 들어왔어요.

그걸로 모든 게 끝났어요.

경기가 끝난 거예요."

그 공은 가타다가 던진 208번째 공이었다. 미노시마의 투수 이시이는 257구를 던졌다. 도합 465구였다.

- 19 -

양 팀 선수들이 홈플레이트를 사이에 두고 정렬했을 때, 나가노 주심은 다른 심판들에게 동의를 구했다. "이 경기에 한해서는, 선수들끼리 악수를 하게 해줍시다." 원래 선수들끼리의 악수는 이상한 유행이 된다는 이유로 금지되고 있었다.

선수들이 각자 벤치로 돌아갈 때, 나가노 주심은 1루 쪽 벤치 옆에서 가타다를 기다리고 있었다. 3루 쪽 벤치에서 오는 가타다를 발견한 나가노는, 가타다에게 경기에서 쓰던 공 하나를 건넸다.

투수 가타다는 모자를 벗은 뒤 말없이 공을 받았다. 그해 여름, 칵테일 광선 아래서 연장된 드라마는 그렇게 끝이 났다.

이후의 일도 역시 써두어야 한다.

파울볼을 놓쳤던 세이료의 1루수 가토 나오키는 현재 호쿠리쿠은행에서 일하고 있다. 야구는 더 하지 않았다. 고시엔에서 돌아온 후 잠시 공백이 있었고, 취직 후 다시 야구를 시작했지만 허리를 다쳐 그만뒀다. 하지만 그는 이렇게 말했다.

"중고등학교 6년간 야구를 했기 때문에 더는 하고 싶지 않았어요. 프로에 대한 동경? 야구로 먹고살고 싶다는 생각은 안 했습니다. 저는 평범한 직장인으로 만족해요. 아침 9시부터 저녁 5시까지 일하고 퇴근하면 제 시간을 갖는 거죠. 일요일에는 느긋하게 집안을 돌보는 그런 생활을 하는 게 꿈이에요."

1979년 8월 16일 미노시마 대 세이료 경기에 출전한 3학년 학생 중 두 명이 프로에 입단했다. 요미우리에 입단한 우에노(미노시마)와 다이요*에 입단한 기타(세이료). 모두 2군에 있다. 프로가 아니지만 야구를 계속하는 선수는 일곱 명, 대학에서 야구를 하는 선수는 두 명이다. 그날 벤치에 있던 선수들 중 야구를 완전히 그만둔 사람은 다섯 명이다.

칵테일 광선이 꺼진 뒤, 패전투수가 된 세이료의 가타다는 무슨 생각을 했을까. 그는 이렇게 말했다.

"울진 않았어요. 잠도 안 자고 친구들과 수다를 떨 수 있다는 건, 이제 잠깐은 야구에서 해방된다는 뜻이었으니까요.

다음 날 집으로 돌아갔습니다.

그해 여름은 더위가 사그라들지 않았어요.

얼마 지나지 않아, 다시 훈련을 시작했습니다.

이상하게 운동장이 새하얗게 보이더라고요.

그때, 끝났다는 생각을 했어요. 전부 끝났는데도 여름은 계속되고 있다는 게, 저는 정말 싫더라고요.

다들 9월이 되면, 이라는 말을 했어요.

- 현 요코하마 DeNA 베이스타스. 1979년 당시에는 요코하마 다이요 웨일스였다.

왜 9월이었을까요…… 9월이 되니까 3학년들은 면허를 땄어요.

스카이라인, 카리나, 셀리카…… 다들 집에 있던 차를 끌고 모였죠.

밤에 고속도로를 달릴 때 보면, 헤드라이트 불빛이 참 예쁘더라고요……"

칵테일 광선은, 여전히 그들 마음속에 있다.

에나쓰의 21구

긴테쓰 버펄로스˙의 이시와타 시게루 선수는, 지금도 여전히 **그럴 리가 없다**고 생각한다.

9회 말, 긴테쓰의 마지막 공격. 1아웃 만루 찬스였다. 스코어는 4대3. 긴테쓰는 1점 차를 좇고 있었다. 경기의 흐름은, 추격하고 공격해온 긴테쓰에게 넘어간 것 같았다.

마운드 위에는 히로시마 카프의 에나쓰 유타카. 에나쓰는 스퀴즈를 경계하고 있었다. 에나쓰가 이시와타에게 2구째를 던지려 할 때, 긴테쓰 벤치는 스퀴즈 사인을 냈다. 그 스퀴즈는 보기 좋게 실패했다. 에나쓰의 공은 바깥쪽 높은 곳으로 날아가다 휘어지듯 떨어졌다.

이시와타가 작정하고 휘두른 배트는 덧없이 흔들리면서 공을 맞추지 못했다. 에나쓰가 던진 공은 이시와타의 배트 밑으로 빠져나갔다. 스퀴즈 사인을 보고

˙ 2004년까지 존재한 일본 프로야구 퍼시픽리그 소속 구단으로, 오사카를 연고지로 했다.

홈으로 맹렬하게 질주했던 3루 주자 후지세는, 스퀴즈 작전이 간파당했다는 걸 깨달았다.

홈으로 질주하던 후지세 시로의 말이다. "이시와타의 볼 카운트가 1-0가 됐을 때, 스퀴즈 사인이 나왔어요. 무사에 3루 왔을 때부터 '스퀴즈 있으니까 사인 잘 봐'라는 말은 계속 들었고요.

에나쓰는 좌완이니까, 내가 스타트하는 게 안 보이겠지…… 그 생각이 제일 먼저 떠올랐어요……. 게다가 에나쓰는 투구 템포가 빠른 두수라는 선입견이 있어서, 스타트가 빠르면 빠를수록 좋다는 생각을 해버렸죠.

포수는 신경도 안 썼어요. 만루니까 홈에서 포스아웃이 되잖아요. 태그플레이 상황이면 평소처럼 스타트하는 것도 괜찮지만, 포스플레이니까 스타트를 빨리 가져가려고, 그것만 생각했어요. 홈으로 뛰고 있는데 이시와타가 헛스윙을 하더라고요. 그걸 보니까 순간 힘이 다 빠져버려서……"

그 1구는 타석에 있던 이시와타 머릿속에 언제까지

나 걸려 있게 됐다.

이시와타 시게루의 말이다. "에나쓰가 던진 그 공, 그거 정말 일부러 뺀 건가……. 믿을 수가 없어요. 그냥 포크볼이 우연히 빠진 거 아니에요?

못 맞출 공은 없었어요. 스퀴즈는 패스트볼에 배트를 맞추는 거니까요. 투수도 공을 뺄 때는 패스트볼로 빼잖아요. 근데 에나쓰는 변화구를 던졌다고요. 포크볼이요. 그러니까 믿을 수가 없다는 거예요. 그게 진짜로 일부러 뺀 공이라면, 정말 엄청난 거죠……"

그러나 에나쓰가 던진 공은 틀림없이 이시와타의 배트 밑을 뚫고 포수 미트 속으로 들어갔다.

우연이 아니라, 말이다.

오사카구장은 대부분 긴테쓰 팬으로 가득 차 있었다. 긴테쓰 팬들이라면 여기서 낙담해야 한다.

그러나 이 장면 속으로 빨려 들어간 인간의 기분은 낙담이 아니라, 오히려 흥분이었다. 밀도가 높고 빠르게 흘러가는 시간 속에는 흥분밖에 없다.

"간파당했습니다! 스퀴즈를 간파당한 거예요! 2아

웃! 2아웃이 됐습니다!"

경기를 중계하던 아나운서가 마이크를 움켜쥐었다. 그 1구는 이번 이닝인 9회 말, 에나쓰의 19구였다.

1979년 11월 4일.

오사카구장에서 긴테쓰 버펄로스와 히로시마 카프의 일본시리즈 7차전이 펼쳐지고 있었다. 이날까지 양 팀은 모두 3승씩 거둬 7차전에서 마무리를 해야만 했다. 히로시마는 1회아 3회에 각각 1점을 추가했고, 6회에 미즈누마의 투런 홈런으로 승리를 향해가고 있었다.

긴테쓰는 5회 말 히라노의 투런 홈런으로 반격을 개시했고, 이어진 6회 말에는 마누엘과 구리하시의 안타, 아리타의 보내기번트 등으로 1점을 추가해 끈질기게 히로시마를 추격했다. 점수 차는 불과 1점 차였다.

에나쓰가 이날 오사카구장 마운드에 오른 건, 긴테쓰가 턱밑까지 쫓아온 직후인 7회 말 1아웃 주자 1루 상황에서였다. 에나쓰는 투수 후쿠시가 내려간 뒤 올라온 구원투수였다.

예정된 수순이었다.

경기가 시작될 무렵 에나쓰는 슬그머니 벤치를 빠져나와 로커룸으로 갔다. 이건 에나쓰의 평소 루틴이다. 전문 마무리 투수가 된 뒤 완성한 루틴이었다. 트레이너는 꼼꼼하게 마사지를 한다. 에나쓰의 왼팔은 그런 마사지로 간신히 유지되고 있다고 해도 과언이 아니었다. 에나쓰는 프로에 들어온 이후, 공식 기록으로만 43,311구를 던졌다.

가끔은, 와아, 하는 함성이 로커룸까지 들린다. 누군가 안타를 쳤거나 삼진으로 물러났을 것이다. 그 소리가 들릴 때마다 에나쓰의 근육은 긴장한다. 그리고, 자신의 차례가 1초, 1초 가까워지고 있다는 것을 피부로 느낀다.

경기가 3회에 접어들었을 때였다. 에나쓰는 "됐어" 하고 일어났다. 그것도 평소 루틴이다. 그는 그대로 불펜으로 향했다.

7회, 에나쓰가 마운드에 오를 때, 하늘에서는 가랑비가 내렸다. 에나쓰는 허리 왼쪽 주머니에 로진백을 넣었다. 라이트는 이미 켜져 있었다.

 게임은 에나쓰를 중심으로 움직이기 시작했다.

 7회, 에나쓰는 긴테쓰의 공격을 끊어냈고, 8회에도 긴테쓰 타선을 삼자범퇴로 침묵시켰다.

 9회 수비에 나서기 전, 에나쓰는 벤치 안쪽에 앉아 쇼트호프 한 개비를 꺼내 불을 붙였다. 겨우 1점 차, 남은 이닝은 단 하나.

 에나쓰는, 이 게임이 끝나면, 이라는 생각을 하고 있었다. 그럼 잠깐은 야구를 하지 않아도 되겠지.

 이번 시즌, 에나쓰는 너무 많이 던진 건지도 몰랐다. 9승 5패 22세이브. 히로시마 카프에게 중요한 경기에서는, 거의 반드시라고 해도 좋을 만큼, 에나쓰가 마운드에 올랐다.

 쇼트호프를 천천히 빨아들일 시간은 없었다.

 다카하시 요시히코가 삼진으로 물러나자 에나쓰는 마운드를 향했다. 그리고 약 26분간 에나쓰는 오사카구장 마운드에서 '승자'와 '패자'의 경계선 위를 미친 듯이 오가야 했다.

그사이 에나쓰의 1구, 1구를 둘러싸고 히로시마와 긴테쓰의 벤치 그리고 각 팀의 선수들 사이에는 여러 생각이 교차했다. 야구란, 어쩌면 여러 생각이 들끓고 부유하고 엇갈리는 곳에서만 성립하는 게임일지도 모른다.

그 소용돌이 한가운데에 있던 에나쓰는 어떤 장면을 보게 된다.

에나쓰가 마운드로 걸어간다.

에나쓰는 그게 마지막 이닝이라는 기분은 전혀 들지 않았다고 했다. 그리고 그는 또다시 이런 생각을 하고 있었다.

이번 이닝이 끝나면 당분간 야구를 하지 않아도 돼. 한 번만 더 던지면, 쉴 수 있어.

6번 타자 하다羽田가 타석에 들어섰다. 에나쓰는 그가 초구부터 칠 일은 없을 거라고 생각했다.

"마지막 이닝이잖아. 1점 차든 뭐든 어쨌든 마지막 이닝이었어. 보통은 이런 상황에서 신중하게 대처하잖아. 그래서 카운트를 잡으러 들어갔어. 바깥쪽 직구였지. 근데 깨끗하게 맞은 거야. 중견수 앞에 떨어지더라고. 아, 분하다! 같은 느낌이었어."

드라마는 갑자기 시작됐다. 에나쓰의 초구는 지휘자의 지휘였다. 그가 팔을 내렸을 때, 최종 악장은 알레그로로 연주되기 시작했다.

관중석에서 보는 오사카구장 그라운드는 절구 바닥처럼 보인다. 경사가 몹시 심한 관중석에서는 갑자기 볼륨을 높인 TV처럼 울부짖는 소리가 들렸다. 그 소리가 퍼지면서 오사카구장 전체가 으르렁거렸다. 종이 꽃가루까지 흩날렸다.

에나쓰의 초구를 쳤던 하다 고이치의 말이다. "바깥쪽 직구였어요. 초구부터 노리고 들어간 거라 배트는 자연스럽게 나왔죠. 직구가 오면 어떻게 되든 휘두르려고 했거든요. 뭐, 회심의 일격이라고 말할 수 있는 부분이죠. 예정대로 후지세가 대주자로 나와서, 아,

애가 들어오면 동점이구나, 이런 생각을 했어요. 그래서 1루에서 교대할 때 '꼭 들어와'라고 말했고요."

후지세는 긴테쓰가 준비한 비장의 대주자 카드였다. 1979년 시즌에는 도루 27개를 기록했다.

히로시마의 다나카 코치가 벤치를 뛰쳐나갔다. 내야수들이 마운드에 모였다. 긴테쓰의 니시모토 감독도 벤치에서 나와 다음 타자인 아널드에게 걸어갔다.

모두가 바쁘게 움직일 때 에나쓰는 다른 생각을 하고 있었다.

"3차전 때의 하다가 기억에 남아 있어. 우리가 1점 앞서 있었고 9회였지. 하다는 노아웃 주자 2루 상황에서 나왔는데, 볼 카운트 2-1에서 너무 쉽게 플라이를 치더라고. 좀 더 생각하고 쳐야 하지 않나, 라는 생각까지 했다니까. 그렇게 똑똑한 녀석은 아니라고 느꼈어. 나한테는 그런 녀석인데, 너무 깨끗하게 당해서 분했던 거지. 내가 쉽게 들어갔을 리는 없어. 그냥 가끔 초구를 맞을 때가 있어, 나는.

1979년 시즌에 홈런을 10개 맞았어. 그중 7개가 초구였지. 게다가 소위 홈런 타자들이 아니라 평소에는 거의 홈런을 못 치는 애들한테 당했어……"

 히로시마 내야수가 모인 건 수비 작전 때문이었다. 주자 후지세를 번트로 득점권에 보낼 것인가, 후지세가 도루를 할 것인가, 아니면 히트 앤드 런을 할 것인가…….

 결과는 후지세의 단독 도루였다. 아널드의 볼 카운트가 2-1로 된 뒤 4구째, 후지세가 달렸다.

 에나쓰는 우타자 아널드의 바깥쪽으로 던졌다. 직구였디. 하지만, 좌완인 에나쓰가 바깥쪽으로 던진 공은 스크루볼*처럼 왼쪽으로 더 휘어졌다. 주심은 볼을 선언했다. 포수 미즈누마가 황급히 2루로 공을 던졌다. 타이밍으로 보면 아웃이었다. 그러나 미즈누마가 던진 공은 2루 베이스 앞에서 원 바운드로 튀어 중견수 쪽으로 빠져나갔다. 후지세는 그대로 3루까지 내달렸다.

* 커브나 슬라이더의 역방향으로 휘어져 주로 좌투수들이 우타자를 상대할 때 던지지만, 손목과 팔꿈치에 무리가 커서 현재는 구사하는 투수가 거의 없다.

노아웃 3루. 긴테쓰에게 뜻밖의 기회가 찾아왔다. 오사카구장은 함성으로 들끓었다. 카메라는 1루 측 벤치에 흩날리고 있는 종이 꽃가루를 쫓았다. 현장에서 중계를 하던 아나운서도 흥분할 수밖에 없었다. "노아웃 3루! 노아웃, 주자 3루입니다! 긴테쓰에게는 생각지도 못했던 엄청난 찬스 상황! 다시 꽃가루가 흩날리고 있습니다! 귤도 던지고 있어요!"

라디오 해설자는 당연한 걸 진지하게 말했다. "별다른 일이 없다면, 동점이 되겠네요."

그 장면은, 확실히 후지세의 도루가 그린라이트였고, 그걸 본 미즈누마가 2루에 송구를 하다 실책을 한 것처럼 보였다.

포수 뒤에서 경기를 보고 있던 노무라 가쓰야(현재 평론가)•에게도 그건 그린라이트로 보였다. 객관적으로 보면 그렇게 생각할 수밖에 없었다.

• 일본 프로야구의 전설로 불리는 포수. 1979년에는 갓 창단한 세이부 라이온즈에서 현역 생활을 하고 있었지만, 이듬해인 1980년 은퇴를 선언하고 한동안 해설가 및 평론가로 활동했다.

"정석적으로 보면 그 상황에서 도루 사인을 내는 건 대단한 모험이죠. 결과가 뒤집힐 수도 있는 마지막 9회. 그 주자가 죽으면 끝인데 도루를 시킨다고요? 야구는 결과론이라 작전이 성공하면 그만이지만, 실패하면 무조건 비난을 받아요. 후지세가 에나쓰-미즈누마 배터리를 100퍼센트 이길 거라는 확신이 없다면 절대 할 수 없죠. 니시모토 감독은 평소에 이런 작전을 하는 사람이 아니에요. 굉장히 조심스럽거든요. 돌다리를 두드려 보고도 안 건널 때가 있을 정도예요. 만약 도루 사인이 나온 거라면, 잘못된 작전 아니었을까요. 제 눈에는 그렇게 보였어요."

하지만, 유니폼을 입고 이 장면을 본 사람들은 다른 생각을 하고 있었다.

에나쓰가 말했다.

"뛰려고 한다는 건 알았어. 근데 어떻게 할 수가 없는 느낌이었어. 일본시리즈에 처음 등판했을 때(2차전)랑 비슷했지. 그때도 주자는 후지세였어. 타자는 찰리(마누엘). 점수 안 주려고 정말 기를 썼어. 주자도 어떻게든 처리하자고, 타자도 꼭 잡자고 생각했지. 그렇게 마음먹은 게 실패한 이유였다고 생각해. 결국 찰리한테 맞았으니까. 이번에는 그럴 수 없었어.

후지세는 발이 확실히 빨라. 분명 내 버릇도 다 알고 있었을 거야. 그렇다면 뛰어도 어쩔 수 없다고 생각했어. 뛰는 주자를 신경 쓰는 것보다 타자한테 집중하는 게 낫잖아.

아널드한테 던졌던 초구는 번트를 생각해서 일부러 뺀 거였어. 근데 그런 낌새가 전혀 없더라고. 2구는, 쳐주면 좋은, 존에서 벗어난 공. 칠 생각이 없는 것 같았어. 내가 지치기를 기다리는 것처럼. 후지세는 뛰려고 하고 있었지. 히트 앤드 런은 아닐 거라고 생각했어. 아널드는 헛스윙이 많으니까……"

그러나, 긴테쓰 벤치에서 니시모토 감독이 낸 사인은 히트 앤드 런이었다.

"당연하지. 저 상황에서 어떻게 도루를 시키겠어. 우리가 낸 사인은 히트 앤드 런이었어."

그게 후지세의 도루가 돼버렸다. 후지세는 "망했

다"고 생각하며 달렸다.

"볼 카운트 2-1가 됐을 때 히트 앤드 런 사인이 나왔어요. 히트 앤드 런이라 스타트는 살짝 느려요. 상대가 눈치채면 안 되니까요. 그래서 도루를 할 때보다 스타트는 느렸어요. 세 발 정도 뛰었는데 아널드가 사인을 놓쳤다는 걸 알았죠. 완전 아웃 타이밍이더라고요. 그래도 만에 하나 세이프가 될 수도 있으니까 달린 거예요. 네, 뭐, 사실 체념했죠."

니시모토 감독은 벤치 안쪽에 다리를 꼬고 앉아 쓴웃음을 지었다. 작전과는 다른 결과였지만, 일단 나쁜 결말은 아니었다.

노아웃 3루. 아널드의 볼 카운트는 3-1. 에나쓰는 외야 플라이를 경계해서 몸쪽으로 낮게 던졌다. 주심의 선언은 볼이었다. 볼넷. 주자는 1, 3루. 아널드의 대주자로 후키이시가 나왔다.

에나쓰는,

"1점은 어쩔 수 없어"

라고 생각했다. 마운드 위에 있는 사람의 솔직한 심

정일 것이다.

그러나 벤치에 있는 고바 감독은 내야에 전진 수비 지시를 내렸다. 1점도 주지 않겠다는 것이다.

고바 감독의 말이다. "사실 이런 상황일 땐 내야수를 약간 뒤로 보내야 해요. 전진 수비를 하면 1루 주자가 도루를 하기 쉽거든요. 만약 도루에 성공해서 1루 주자가 2루로 가면 안타 한 방에 역전이고요.

하지만 단 1점도 주고 싶지 않았어요. 3루 주자 후지세는 아주 약한 내야 땅볼에도 홈으로 파고들 게 뻔했거든요. 1점을 줘서 동점이 되면 진다고 생각했던 것 같아요. 그래서 1, 3루에 주자가 있었지만 전진 수비를 하게 한 거예요."

이 장면, 아니 곧 있으면 나올 더 긴박한 장면에서도, 고바 감독은 자신이 "냉정했다"고 한다.

하지만 포수 뒤에 있던 노무라 가쓰야는, 냉정하게 보면 이게 히로시마의 패인이 될 거라고 객관적으로 생각했다.

"그런 상황에서, 지키는 쪽은 3루 주자보다 1루 주

자의 도루가 더 신경 쓰여요. 1루 주자 후키이시가 홈으로 들어오지 않는다면, 적어도 연장전에는 갈 수 있잖아요. 그런데 전진 수비를 하면 후키이시한테 2루 베이스로 가라고 하는 것밖에 안 돼요."

에나쓰는 더욱더 궁지에 몰린다.

그의 눈에 어떤 장면이 들어왔기 때문이다.

에나쓰에게 그 장면은 현재 경기의 흐름보다 더 신경 쓰이는 일이었다. 그것 때문에 마운드를 지키던 에나쓰의 집중력이 흐트러졌다.

한 라디오 중계 아나운서가 히로시마의 위기 상황을 묘사하려고 그라운드의 움직임에 신경을 집중하고 있었다. 그러다 히로시마 투수가 불펜으로 향하는 걸 봤다.

그는 마이크에 대고 설명했다. "히로시마 불펜에서는 이케가야가 몸을 풀기 시작했습니다! 히로시마 카프, 위기입니다!"

에나쓰는, 3루 쪽인 자기 벤치의 움직임도 놓치지

않았다. 이케가야가 피칭을 시작한 것도 보고 있었다. 동시에, 기타벳푸가 불펜으로 가는 것도 봤다.

 지금 뭐 하는 거야!

 에나쓰는 그렇게 생각했다. 거기에는 여러 생각이 담겨 있었다.

 "이 마지막 결전의 순간에 와서도 여전히 다음 투수를 준비시키는 거잖아.

 그렇구나, 아직 나를 완전히 믿는 건 아니구나, 이런 생각이 들더라고.

 불펜이 움직이네. 나는 대체 뭐 때문에 여기까지 온 걸까. 그런 생각을 하니까 뭔가 석연치 않았어. 난 불펜을 준비할 거라고 생각하지 않았거든."

 바로 이게 일본시리즈 7차전, 4대3으로 불과 1점 앞선 팀의, 자타가 공인하는 비장의 카드로 나온 구원투수가 9회 말 마지막 수비에서 큰 위기를 맞은 뒤 마음 한구석에서 하던 생각이었다.

 에나쓰는 그 장면을, 이런 식으로 봐버리고 말았다. 그 생각은 경기가 끝나고 히로시마 카프가 일본 최고의 자리에 오른 뒤에도, 그의 마음속에 오랫동안 남아 있었다. 대체 이게 뭐지, 나로는 부족한 건가. 쉽게 말하자면, 이런 생각이었을 것이다.

에나쓰 마음에는 앙금이 생겼지만, 그는 노아웃 주자 1, 3루 상황을 해결해야만 했다. 타석에는 히라노가 들어섰다.

초구, 에나쓰가 패스트볼을 높게 던졌다. 스퀴즈를 경계한 것이다. 히라노는 이 공을 그냥 지켜봤다. 볼.

2구, 에나쓰는 이 이닝을 쇠우하는 공을 던진다. 우타자 무릎 아래에서 휘면서 떨어지는 커브다. 이걸 포크볼로 부르는 사람도 있다. 그러나 에나쓰의 손가락은 프로 투수치고는 짧아서 완벽한 포크볼을 던질 수 없다.

에나쓰의 말이다. "그 코스 커브는, 그때까지는 안 던지고 있었어. 제일 무서운 코스거든. 바운드가 되기도 쉽고, 포수가 포일을 하는 경우도 있어서. 거기로 던졌는데, 히라노가 스윙을 했어. 헛스윙이 됐지. 그걸 보고, 이 공이면 될 거라고 생각했어."

에나쓰는 이후 중요한 상황에서는 커브를 던졌다.

처음엔 스퀴즈를 경계했기 때문에 히라노에게 던진 초구는 볼이었다. 스퀴즈가 나오지 않을 거라 본 에나쓰는, 2구째에 스윙을 유도해 볼이 되는 커브로 스트라이크를 챙겼다. 그게 이 상황에서 에나쓰가 할 수 있는 공격이었다.

처음엔, 이라고 한 이유는 에나쓰의 눈으로 본 장면 때문이다. "히라노는 치고 싶어 했거든. 처음엔 번트를 댈 거라는 생각은 안 했어. 근데 그 상황에서 뭐가 나올지 모르잖아. 그래서 초구를 빼본 거야."

하지만 타석에 선 히라노는, 마운드 위의 에나쓰를 보며 전혀 다른 생각을 했다.

"초구는 완전히 볼, 2구는 커브인지 포크볼인지…… 저도 모르게 스윙을 하긴 했지만, 볼이었어요.

그건 그렇다 치고, 초구랑 2구를 지켜봤는데 에나쓰가 엄청 흔들린다고 생각했어요. 초구가 볼이었잖아요. 그렇게 높은 볼이 오다니, 에나쓰의 원래 피칭이라곤 볼 수 없었죠."

타석에 있던 히라노는 에나쓰의 공을 그렇게 보고 있었다. 별로 대단한 공이 아니라고. 긴테쓰의 니시모토 감독은 별다른 사인을 내지 않았다. "노아웃 1, 3루는 절호의 공격 찬스잖아. 그래서 감독이 사인을 안 내고 그냥 맡긴 것 같았어. 엄청 힘이 들어갔더라고."

 에나쓰는, 힘이 잔뜩 들어간 히라노를 보고 몸쪽으로 가라앉는 커브를 던진 거였다.

 어느 쪽이 제대로 읽은 걸까……. 히라노가 감지했던 것처럼 에나쓰는 확실히 흔들리고 있었다. 상대하는 타자가 아닌 자기 팀 벤치 때문이었다. 하지만 아무렇지 않은 척했다. 마음속에서 뿜어져 나오는 생각에 뚜껑을 닫으려 했다. 그리고, 그런 생각을 했기 때문에, 에나쓰는 자신이 동요하는 것 이상으로 냉정해지려 하고 있었다.

 에나쓰와 히라노의 승부는 3구째에, 1루 주자 후키이시가 도루를 하며 중단된다. 모두가 예상한 도루였다. 포수 미즈누마는 2루로 공을 던질 수 없었다. 3루에는 발이 빠른 후지세가 있었으니까.

이제 노아웃 2, 3루.

히로시마 벤치는 히라노를 고의사구로 내보내며 만루 작전을 폈다.

에나쓰는 다시 히로시마 벤치를 봤다. 마운드에 모여 내야수들과 이야기를 나누는 중에도 에나쓰의 눈은 벤치의 움직임을 좇았다. 불펜도 확인했다. 이케가야와 기타벳푸는 계속 피칭을 하고 있었다. 노아웃 만루였다.

에나쓰는 생각했다. 여기까지 왔는데 마운드를 내려갈 수는 없잖아. 대체 누가 날 대신한단 말이야…….

여기서 강판당한다면, 유니폼을 벗어도 좋아.

에나쓰는 그렇게 생각했다.

그런 생각을 하면서 또다시 불펜을 확인한 에나쓰의 자부심은 엄청나게 무너지고 있었다.

그의 자부심은 13년간의 프로 생활을 지탱해줬다고 해도 과언이 아니었다. 마운드를 지킨다는 건, 그런 것이다. 투수는 스스로를 믿어야만 투수가 될 수 있다.

그 위기 상황에서 불펜에 정신이 팔린 에나쓰는 자존심에 큰 상처를 입었다.

"대체 뭐 하는 거야!"라고 에나쓰가 중얼거릴 때, 그의 안쪽에서는 자존심을 공격당한 투수의 당혹감과 불안 그리고 분노와 비슷한 감정이 뒤섞였다.

그런데 생각해보자. 대체 누가 에나쓰에게 상처를 준 걸까.

이케가야와 기타벳푸에게 몸을 풀라고 한 건 고바 감독이다.

그 고바 감독은, 위기 상황에서 이렇게 생각했다.

"만약 1점을 줬다고 칩시다. 그대로 연장전에 들어가겠죠. 곧 에나쓰 타순이 돌아올 거예요.* 그때 대타를 내보내야 하는 상황이 되면 어떡합니까.

그제야 다른 투수를 준비시키면 늦잖아요."

연장에 들어가면, 10회 초 히로시마는 2번 타자인

- 1979년 일본시리즈에는 지명타자 제도가 없었다. 따라서 투수인 에나쓰는 9번 타자로 타석에 서야 했다.

기누가사부터 공격을 시작한다. 경기가 일반적으로 흘러간다면, 11회에는 에나쓰 타순이 돌아올 수도 있었다.

9회 말 긴테쓰의 공격, 시곗바늘은 오후 4시 30분에 가까워지고 있었다. 경기가 시작된 지 3시간 반이 다 되어간다.

일본시리즈 연장전은 경기 시작 이후 4시간 반이 지난 뒤부터는 새로운 이닝에 들어가지 않는다는 규정이 있다.˚ 앞으로 1시간, 만약 동점인 채로 연장전에 들어갈 경우 5시 반까지 시합이 계속되니 11회까지 진행될 가능성은 있었다.

이게 고바 감독의 계산이었다. 불펜으로 달려가는 투수를 본 마운드 위의 에나쓰가, "대체 뭐 하는 거야!"라고 중얼거리고 있다는 것을, 고바 감독은 몰랐다.

다시 고바 감독의 말이다.

"거기까지는 생각을 못 했어요. 또 그 상황에서 반

• 현재는 시간제한 없이 연장 12회까지 진행된다.

대로 젊은 투수들한테 몸 풀라고 하면서 에나쓰에게 자극을 주려는 것도 아니었습니다. 그냥 단 하나, 동점이 됐을 때를 생각하고 있었을 뿐이에요."

그는 이성적이었다.

이 격렬한 상황에서 고바 감독은 오로지 이성적으로 생각할 뿐이었다. 그래서 마운드 위에 있는 투수가 감정적으로 흔들리고 있다는 게 보이지 않았다.

에나쓰의 자존심에 상처를 내려는 사람은 아무도 없었다. 아마 칼을 겨눈 건 그 자신의 손일 것이다. 그를 지탱해주던 자부심이 그에게 칼날을 들이밀었다.

노아웃 만루. 9회 말. 시즌의 대미를 장식하는 일본 시리즈 최종전. 에나쓰와 고바 감독은 십수 미터 떨어진 곳에서 승자와 패자가 결정되는 순간을 공유하고 있었지만, 각자가 서 있는 위치가 다른 만큼 서로 다른 생각을 하고 있었다. 열기와 긴장 속에 있기에 에나쓰도, 고바 감독도 서로 전혀 다른 곳을 바라보고 있다는 건 눈치챌 수 없었다.

다시, 에나쓰다.

노아웃 만루가 됐을 때, 에나쓰는 이렇게 생각했다. 포기하는 게 맞아. 이제 진 거야.

긴테쓰의 니시모토 감독은 웃음기 가득한 표정으로 벤치를 나섰다. 그는 9번 타자인 투수 야마구치가 나와야 할 타석에 대타 사사키를 내보낸다고 한 뒤, 사사키에게 말했다.

니시모토 감독의 말이다. "이길 수 있어. 당연하지, 노아웃에 주자가 셋인데. 무조건 이길 거야."

그러곤 계속 벤치를 왔다 갔다 했다. 괜히 이리저리 돌아다녔지만 진정이 되지는 않았다.

에나쓰는 그런 니시모토 감독을 보고 있었다. 그렇게 종종거리지 않아도 되잖아. 어차피 너희가 이겼다고. 이런 생각을 하면서 말이다. 니시모토 감독이 에나쓰의 이런 마음을 알 리 없었다. 타석에 사사키가 들어섰다. 에나쓰의 말이다.

"어떻게 해도 점수를 안 줄 수는 없었어.

그러면 차라리 깨끗하게 지고 싶다는 생각이 들더라고. 밀어내기나 외야 플라이로 점수를 주긴 싫었어.

차라리 그냥 맞고 싶었지. 칠 수 있으면 쳐라, 이런 느낌이랄까. 홈런 맞고 끝나는 게 낫잖아. 어중간하게 매듭짓는 건 죽기보다 싫었어."

그렇게 생각한 것이 무색하게, 에나쓰는 사사키와의 승부를 완벽한 피칭으로 전개한다.

포수 뒤쪽에 있던 노무라는, 에나쓰의 볼 배합에 눈이 휘둥그레졌다.

"에나쓰는 사사키가 번트를 댈 가능성은 전혀 생각하지 않는 것 같았어요. 사사키가 그런 잔재주가 없는 타자이기도 하고, 또 에나쓰가 난카이 호크스˙에 있었잖아요. 같은 퍼시픽리그 거기서 니시모토 감독 야구를 꽤 봤으니 언제 스퀴즈를 하는지 알고 있었을 수도 있죠. 니시모토라는 사람은 확실히 이런 절체절명의 상황에서 스퀴즈를 하는 사람은 아니니까요. 이 모든 걸 알고 그랬을 수도 있지만, 제가 볼 때 에나쓰는 그냥 천성적으로 승부사 기질이 있는 것 같아요.

• 현재는 후쿠오카 소프트뱅크 호크스.

초구가 우타자 무릎 아래로 떨어지는 커브로 볼이 됐죠. 사사키가 칠 생각이었는지, 배트가 돌다가 멈췄어요. 에나쓰는 그걸 보고 안 거죠. 사사키가 치려고 한다는 걸. 아마 그때 사사키는 자기가 직구를 노린다는 걸 들켰다고 생각하지 않았을까요. 2구째, 사사키는 이제 커브를 노리고 있었어요. 에나쓰는 바깥쪽 직구를 던졌죠. 이게 스트라이크가 돼서 볼 카운트는 1-1.

3구째는 한가운데서 떨어지는 포크볼. 사사키가 스윙을 했는데 3루 베이스에서 약간 벗어나 파울이 됐죠……"

그 순간, 긴테쓰는 이겼다고 생각한 게 틀림없었다. 1루 벤치에서 종이 꽃가루가 흩날렸기 때문이다. 보는 각도에 따라서는 공이 라인 안쪽으로 들어온 것 같기도 했다.

"아슬아슬했어요! 정말 아슬아슬한 볼이었네요. 라인 안쪽에 들어왔다면 완벽한 역전이었죠! 이제 승부는 정말 종이 한 장 차입니다!"

아나운서의 목소리는 한껏 달아올라 있었다. 오사카구장을 가득 메운 3만여 명의 관객, TV와 라디오 중계에 귀 기울이고 있던 수천만 명 역시 그렇게 느끼고 있었을 것이다.

하지만, 에나쓰는 "뭘 안다고 떠들어!" 같은 마음이었다.

"그 코스는 당겨서 쳐도 안타가 안 돼. 파울이나 내야 땅볼이어도 약한 타구가 되지. 절대 플라이 같은 게 되지 않아. 그래서 전혀 당황하지 않았어."

이 장면을 보고 있던 사람들은 에나쓰가 그런 생각을 하고 있다는 걸 몰랐다. 그걸 눈치채진 못했지만, 에나쓰와는 다른 생각을 하면서 충분히 들떠 있었다.

포수 뒤에 있던 노무라는, 에나쓰처럼 이 타격에 놀라지 않았다.

"카운트를 유리하게 만들려는 에나쓰한테 놀아난 거죠. 에나쓰는 그다음에 과감하게 사사키 가슴 쪽으로 공을 던졌어요. 결정구를 던지기 전에 공을 버린 거죠. 그다음 5구 역시 몸쪽으로 낮게 직구를 하나 던졌고요. 이것도 버리는 공이에요. 그러고 나서 마지막에 5구째랑 똑같은 코스로, 타자 가까이 와서 떨어지는 커브를 던졌어요.

타자의 눈을 속인 거예요. 똑같은 코스로 공이 왔잖아요. 사사키한테는 5구째랑 같은 공으로 보였을 거예요. 결국 떨어지는 공에 스윙을 하고 말았죠.

사사키한테는 순간 공이 사라진 것처럼 보이지 않았을까요."

오사카구장에 떠들썩한 고함이 울려 퍼졌다. 삼진, 1아웃.

그 숨 막히는 긴장 속에서 히로시마의 1루수 기누가사가 에나쓰에게 다가갔던 걸 기억하는 사람은 적다.

에나쓰가 볼 카운트 1-2로 사사키를 몰아붙였을 때, 기누가사는 마운드 위 에나쓰에게 다가갔다. 그리고 이렇게 말했다. "나도 너랑 같은 생각이야. 벤치나 불펜은 신경 쓰지 말고 던져."

에나쓰의 말이다.

"기누가사의 그 말로 구원받은 기분이었어. 내 마음을 알아주는 녀석이 있었으니까. 왜 맞고 있었나, 왜 그 녀석이 끊어주지 않으면 안 됐나, 이런 생각을 하면 정말 바보 같긴 하지만 말이야. 그 녀석이 그렇게 말해줘서 좋았어, 마음속에서 피어나던 실체 없는 불안감이 쓱 하고 사라졌으니까. 그 한마디가 굉장히 든든하더라고. 그 덕에 다시 집중할 수 있었지."

에나쓰는 기누가사와의 대화 직후, 히라노에게 던졌던 몸쪽 커브를 사사키에게 결정구로 던지겠다는 생각을 했다.

같은 코스 같은 공, 에나쓰는 스퀴즈 실패로 낙담한 마지막 타자 이시와타 역시 삼진으로 잡아냈다.

기누가사가 에나쓰에게 말했던 "나도 너랑 같은 생각이야"라는 건, 불펜에서 투수들이 몸을 풀고 있는 것에 대해 느끼는 게 같다는 걸 의미했다. 여기까지 와서 교체는 없을 거라는, 즉 그라운드 안에서 긴장된 공기를 같이 들이마시며, 함께 있기 때문에 느낄 수밖에 없는, 그런 생각일지도 모른다.

빅 타이틀이 걸려 있다는 긴장감과 그 과정을 함께하고 있다는 자부심이 그들에게 그런 생각을 하게 만든 걸까. 그렇다면 선수들은 심리적으로 중요하고 큰 경기라는 데 많은 부담을 느꼈을 것이다. 결국 주인공은 1구 1구마다 국면이 달라지던 경기 그 자체 아니었을까.

에나쓰는 자신이 "냉정했다"고 한다.

고바 감독도 "냉정했다"고 한다……. 게임은 서로 다른 입장의 차이 속에서 드라마를 만들어낸다.

에나쓰는 집중력을 되찾고 있었다.

이시와타가 타석에 들어섰다.

"초구는 바깥쪽에서 들어가는 커브였어. 이시와타는 전혀 움직이지 않았지. 그래서 스퀴즈를 할 거라는 걸 알았어. 그때 조금이라도 치려는 낌새가 보였다면 다른 생각을 했을지도 모르지. 그럼 언제 스퀴즈가 나오느냐였어. 시리즈를 7차전까지 끌고 오다 보니 긴 테쓰 사인을 대충 읽을 수는 있었어. 물론 스퀴즈 사인이 나왔던 건 몰랐지만.

어쨌든 다음이 문제의 2구였지. 커브 사인이었어."

에나쓰-미즈누마 배터리는 일본시리즈 7차전에서 다시 정규시즌용 사인을 쓰고 있었다. 일본시리즈 전반의 몇 경기는 시리즈용 사인을 사용했다. 정규시즌 때 썼던 사인은 이미 상대가 눈치를 챘을 거라는 생각에서였다. 하지만 일본시리즈를 치르면서 사인을 간파당하는 것보다 새로운 사인에 당황하고 계속 신경 쓰는 게 더 안 좋다는 걸 깨달았다.

미즈누마가 포수 미트 뒤에서 손가락을 움직인다. 한 개, 두 개, 세 개…… 미즈누마가 무작위로 손가락을 편다. 에나쓰는 자신이 던지고 싶은 공의 사인이 나왔을 때 고개를 끄덕인다. 그게 이 배터리의 기본적인 사인 교환이다. 평소와 같은 사인 교환에서 에나쓰는 커브를 선택했다.

에나쓰는 언제나처럼 투구 동작에 들어갔다. 에나쓰의 투구 폼은 딱 하나다. 그게 이 경기의 결과를 좌우할 거라는 건 에나쓰 자신도 생각하지 못했다.

"난 투구 동작에 들어가서 팔을 올릴 때, 1루 쪽으

로 고개를 돌렸다가 팔을 내리기 직전에 타자를 보는 버릇이 있어. 한신에 들어간 지 3년쯤 됐을 때였나, 가네다(마사이치) 씨에게 배웠던 거야. 던지기 전에 타자를 보고, 거기서 이상한 낌새가 느껴지면 그 순간 공을 뺄 수도 있거든. 이시와타한테 던진 2구째가 그거였어. 던지기 직전에 이시와타를 봤는데, 배트가 쓱 움직이더라고. 댄다! 그런 느낌이었어. 시간으로 치면 100분의 1초 정도였을지도 몰라. 언젠가 번트를 댈 거라고, 스퀴즈를 할 거라고 생각했기 때문에 느꼈던 걸지도 모르겠네. 어쨌든 공이 내 손을 떠나기 전에 번트 자세가 보였어. 똑바로 떨어지는 커브 그립을 잡고 있어서 다시 잡을 수는 없었지. 결국 커브를 바깥으로 빼버렸어. 미즈누마는 아마 3루 주자가 움직이는 걸 본 것 같아. 미즈누마가 일어서는 게 보였지……"

 타석에 있던 이시와타는 믿을 수 없었다. 스퀴즈라는 걸 눈치챘다니, 게다가 변화구로 공을 뺐다니…… 있을 수 없는 일이었다.

 이건 모두 아주 순식간에 일어나버렸다.

에나쓰 등 뒤에서 타석을 찍고 있던 TV 카메라는, 평소와 다름없는 에나쓰의 투구 동작을 비추고 있었다. 에나쓰가 팔을 뿌리며 공을 던진다. 포수 미즈누마가 일어선다. 타자 이시와타가 번트 자세를 취한다. 모든 게 같은 시간, 같은 축 위에 있었다. TV 화면 속 이시와타가 힘껏 내민 배트는 위에서 아래로 1~2센티미터쯤 휘청거렸다. 몸은 이미 허덕이는 중이었다.

그러나, 이시와타가 생각했던 것처럼 포크볼은 아니었다. 위에서 똑바로 내리꽂는 커브였다. 에나쓰는 슬라이더 같은 커브와 위에서 내리꽂는 커브, 이렇게 두 종류의 커브를 구사할 수 있었다. 위에서 던질 경우 손목은 왼쪽으로 90도 정도 벌어져 있다. 그렇게 해서는 직구를 던질 수 없다. 그래서 타석에 있던 이시와타는 그 공에 제대로 놀아났다. 공은 이시와타의 배트 밑으로 빠져나갔다.

홈으로 질주하던 3루 주자 후지세는 다시 돌아가려 했다. 미즈누마는 3루 베이스를 향해 달려가던 후지세의 등을 포수 미트로 거칠게 때렸다. 에나쓰는 투구를 끝낸 순간, 움찔하며 허리를 털었다.

그리고 모든 게 끝난다.

3루 주자는 아웃됐다. 2아웃. 이시와타의 볼 카운트는 0-2.

에나쓰는 바로 결정구를 던졌다. 몸쪽 낮은 직구였다. 이시와타가 간신히 배트에 맞췄다. 에나쓰는 빠르게 4구째를 던졌다. 몸쪽으로 떨어지는 커브. 이시와타의 배트가 허공을 갈랐다.

9회 말, 에나쓰가 던진 21번째 공이었다.

더 정확히 말하면 26분 49초 ― 그동안 에나쓰가 마운드의 가장 높은 곳에서 내려가는 일은 없었다. 마운드는 오로지 에나쓰를 위해 존재했다.

이시와타가 기가 눌린 듯 삼진으로 물러나자, 에나쓰가 마운드에서 내려왔다. 크게 뛰어오른 그의 주변에 선수들이 모여 헹가래를 쳤다. 고바 감독과 에나쓰의 몸이 공중에 흩날렸다. 에나쓰가 입은 파란색 원정 유니폼 등에는 빨간색으로 '26'이라는 숫자가 박혀 있었다. 그 '26'이, 금방이라도 울 것 같은 하늘 아래 오사카구장에서 춤을 췄다.

그 직후, 에나쓰는 벤치로 돌아가 웅크리고 앉아 눈물을 흘렸다고 한다.

단 한 사람의 올림픽

오래 쓴 나머지 완전히 얇고 둥글어진 비누를 보며, 조금만 기다려달라고 말하고 싶은 기분이 드는 순간은, 아마 누구에게나 있을 것이다. 날마다 쓸리고 깎이면서 새롭고 신선했던 모습은 순식간에 사라진다. 마치 ─라고, 거기서 생각해도 좋다. 마치 나 자신과 같지 않냐고. 일상적으로, 너무나 일상적으로 삶을 살아가고 무감하게 하루를 지나치면서 우리는 놀랄 정도로 얄팍하고 둥글어진다. 수명이 얼마 남지 않은 비누처럼 되었을 때, 문득 지금 이 상황이 얼마나 끔찍하고 무서운 건지 깨닫고, 지구가 자전을 멈추듯 자신의 인생을 완전히 바꿔보려고 생각하는 건 무의미한 일일까. 주위 사람들은 어제와 똑같이 걸어가고 있다. 그 걸음을 거스르듯 우뚝 멈춰본다. 이렇게 할 수 있다는 것만으로도, 고독하고 외로운 인간이란 뜻일 것이다.

아마추어 선수가 한 명 있었다.

1975년 초, 그는 도카이대학에 다니는 학생이었다. 지극히 평범한 학생이었다는 것 말고는 별다른 특징이 없었다. 매일 마작에 빠져 사는, 이렇다 할 목표가 있는 것도 아닌, 어쩐지 허투루 시간을 보내는, 그저 지극히 평범한 학생이었다. 고등학교는 도쿄교육대학(현재는 쓰쿠바대학) 부속 오쓰카고등학교를 나왔다. 손에 꼽히는 명문이라 그도 역시 도쿄대가 목표였다. 재수에 이어 삼수까지 했지만 실패했고, 결국 그는 도카이대학에 갔다. 입시에 실패한 좌절감 때문에 그는 그저 떠내려가듯 하루하루를 보내고 있었다. 그리고 스물세 살이 되어버렸다.

어느 날, 그는 갑자기 생각했다. 올림픽에 나가자고. 그는 그 계획에 취해 생각했다. 만약 그런 일이 실제로 일어난다면, 왠지 가라앉은 기분을 바꿀 수 있지 않을까, 망가진 나를 구원할 수 있지 않을까.

그는 거기서 자신의 시간을 한번 멈춰버린다. 원대한 꿈을 향해 비일상적인 시간을 살아가게 된다.

모든 건 거기서부터 시작됐다.

***

1980년 6월 15일, 일본 시각으로 오후 1시는 스위스의 새벽 5시에 해당한다.˙ 베른의 동쪽, 취리히의 남쪽에 루체른이라는 마을이 있다. 굉장히 스위스적인 산악 마을에도 새벽 5시의 빛이 감돌고 있다. 거기서 경도로 거의 135도 동쪽으로 가면 일본이 있고, 다시 말하면 시각은 오후 1시다.

이런 차이를 나열하는 건 아무 의미가 없지만, 두 장소에서 서로 다른 두 장면을 동시에 뽑아낸다면 명확한 차이를 알 수 있다.

예를 들면, 이날 일본 삿포로 마을에서는 '타임스 30킬로 레이스'가 열릴 예정이었다. 일본이 모스크바 올림픽에 참가한다면, 올림픽을 한 달 앞두고 열리는

- 현재 스위스는 3월 마지막 일요일부터 10월 마지막 일요일까지 서머타임을 도입해 해당 기간에는 일본과의 시차가 7시간이고, 그 외에는 8시간이다. 1980년 당시에는 서머타임이 도입되지 않아 6월에도 시차가 8시간이었다.

빅 레이스가 될 것이었다. 세코 도시히코도, 소 시게루와 소 다케시 형제*도 이 레이스 참가자였다.

오후 1시. 레이스는 45분 뒤 시작이었지만 세코도 소 형제의 모습도 보이지 않았다. 출발 시각이 되어도 그들은 거기에 나타나지 않을 것이다.

"올림픽이 없잖아요. 레이스에 나가는 의미가 없습니다. 달릴 수 있는 기분이 아니에요."

그렇게 말한 소 시게루는, 그 시각에는 자신이 살고 있는 미야자키현 노베오카에서 달리고 있을 거라고 했다. 세코에게는 소 시게루와 다른 논리가 있었다. 그는 "올림픽에 참가하지 못해도 괜찮다"고 거듭 말했다. 매일 수십 킬로미터를 계속 달리는 건 올림픽에 참가하기 위해서가 아니라는 게 세코, 라기보다는 세코를 지금까지 키워온 나카무라 기요시 코치가 가진 논리의 출발점이었다.

나카무라 코치는 이렇게 말했다.

* 1980년대 일본을 대표하던 마라토너들.

"올림픽에 나가는 게 전부는 아니에요. 뛴다는 것, 계속 뛴다는 건 예를 들면 예술가가 뭔가를 창조하는 것과 같습니다. 로망인 거죠. 레이스는 그 작품을 발표하는 곳이에요. 올림픽이 아니더라도 좋은 발표 장소는 얼마든지 있어요. 이번 올림픽 불참이 결정되기 이전부터 개인적으로 저런 형태의 올림픽에는 나가고 싶지 않다고 생각했어요. 올림픽도, 패럴림픽도 모두 끝입니다……"

세코가 와세다대학 육상부에 들어왔을 때, 나카무라 코치는 "실패하면 내 팔 하나쯤은 줄 수 있다"며 세코를 중거리에서 장거리 주자로 전향시켰다. 그는 세코를 자신의 집 근처에 살게 하며 일대일로 코치했고 마라토너로 만들어왔다. 1월의 하코네 역전 경주˚, 예순다섯인 나카무라 코치는 쓰루미-도쓰카 구간을 달리는 세코를 위해 주자와 함께 달리는 차 위에 서서,

- 1월 2일에서 3일, 이틀간 열리는 일본 최대의 대학생 역전 경주로 약 108킬로미터 구간을 총 열 명의 선수가 교대로 달린다.

와세다대학 교가인 〈수도의 서북〉을 노래하며 그를 격려했다. 이 사제의 뜨거운 관계를 설명하는 장면이었다. 그리고, 또 다른 장면도 여기에 넣을 수 있다. 세코가 와세다대학을 졸업하며 연지색 바탕에 흰색으로 'W'라고 쓰인 와세다대학 육상부 유니폼을 벗고 에스비식품 소속 선수가 됐을 때, 나카무라 코치 역시 세코와 함께 에스비식품에 취직했다. 1980년 봄, 4월이었다. 그건 엘리트 아마추어 스포츠맨에게 있어, 수명이 있는 한 마음껏 연습하고 대회에 나가고 나카무라 코치의 코칭을 받으며 '예술 작품'을 만드는 데 전념할 수 있다는 걸 의미했다.

6월 15일. 그 세코는 오호츠크로 향하고 있었다. 홋카이도 아바시리에서 유모선*을 타고 더 북쪽인 도코로常呂에 도착했다. 이 북쪽의, 누구도, 그 무엇도 귀찮게 하지 않는 마을에서 유럽 원정에 대비한 스피드 강화를 꾀하기 위해서였다.

* 일본국유철도에서 운영하던 철도 노선으로 1987년 폐선되었다.

물론 세코는 8시간의 시차가 있는 스위스 작은 마을에 어떤 선수가 있는지 모른다. 모르는 게 당연하고 알 필요도 없다. 스위스 루체른의 새벽 5시의 공기 속에 있는 건, 모스크바올림픽 대표로 뽑히긴 했지만, 완전하게 무명인, 그 이상도 그 이하도 아닌 한 조정 선수였으니까 말이다.

그러나 그를 세코와 135도 다른 선상에 놓고 비교해보고 싶다고 생각한 데는 나름의 이유가 있다.

그는 스포츠 엘리트가 아니었다. 다행인지 불행인지 어느 순간 그의 머릿속에 "올림픽에 나가는 국가대표가 되자!"라는 생각이 자리 잡았을 뿐이다. 나쁜 생각은 아니기에 그도 그 생각에 취해버렸다. 그러나 같은 구절을 다시 한번 반복하자면, "다행인지 불행인지" 그 취기는 하루아침에 깰 수 있는 그런 게 아니었다. 아마 대다수 인간은 이런 생각을 한다고 해도 다음 날이면 까맣게 잊고 말 것이다.

그러나 그는 이 생각을 함으로써 흘러가는 대로 살던 삶을 멈춰버렸다.

그리고 약 5년 동안 그 일을 고집했다.

그렇게 그는 6월 15일 이른 아침 스위스의 루체른이라는 마을에 있게 됐다.

그의 이름은 쓰다 마사오. 조정 싱글스컬*, 즉 1인승 보트를 타는 일본의 국가대표다. 그가 스물여덟이 되기 직전이었다.

상황은 최악이었다.

6월 15일, 쓰다 마사오는 경기를 앞두고 있었다. 루체른조정대회. 세계신수권 정도의 규모는 아니었지만, 올림픽 참가국 선수들은 컨디션을 체크해보려고, 올림픽 보이콧 국가 선수들은 올림픽 대신 여기서 이겨보려고 모여 있었다. 그건 다 좋지만, 이렇게 됐을 때의 문제는, 그는 이길 수 없을 것 같다는 거였다.

게다가 모든 것이 미쳐 돌아가고 있었다.

일본조정협회는 모스크바올림픽이 시작되는 7월 19일에 맞춰 서독의 보트 제조업체에 싱글스컬용 보

* 한 선수가 두 개의 노를 젓는 종목.

트를 주문했다. 올림픽 보이콧이 결정된 후, 협회는 보트 제조업체에 루체른조정대회에 출전해야 하니 늦지 않게 만들어달라는 요청을 했다. 그들은 어떻게든 제시간에 맞추겠다고 했다. 쓰다 마사오는 새 보트로 연습하며 아마 인생에서 마지막이 될 이 레이스에 출전할 예정이었다. 그러나 보트는 대회 당일까지 도착하지 않았고, 결국 차선책으로 마련해둔 보트로 레이스에 나가야 했다. 게다가 훈련도 부족했다.

백번 양보해 이것도 괜찮다고 쳐보자.

더 큰 문제는 어떻게 해도 힘이 나지 않는다는 거였다. 집중력이 떨어진 건지 방법이 없었다.

올림픽 보이콧 선언 이후 계속 그랬다.

쓰다는 "2월 어느 날이었잖습니까"라며 입을 뗐. "일본 정부가 사실상 불참을 결정했죠. 그리고 4월이 됐는데 USOC˙가 불참을 선언했고요. 왜 미국이 어지

• United States Olympic Committee, 미국 올림픽 위원회. 미국 패럴림픽 위원회가 창설된 이후부터는 미국 올림픽 패럴림픽 위원회로 명칭을 변경했다.

러우면 일본은 감기에 걸린다고 하잖아요. 미국이 불참을 선언했는데 일본이 참가할 리가 없다고 생각했어요. 그래도 JOC*는 계속 참가하게 될지도 모른다고 하더군요. 올해 1월부터 이도 저도 아닌 상황이 이어지고 있으니까, 집중력이 떨어지는 건 너무 당연하지 않나요……"

그가 '싱글스컬'이라는 경기에 간신히 집중할 수 있었던 건 4월 26일 모스크바올림픽 최종선발전까지였다. 그날 사이타마현 도다 보트장에서는 원래대로 2000미터 경주가 열렸다. 그는 서쪽에서 동쪽으로 가는 이 코스에서, 남동쪽에서 부는 바람, 즉 사이드에서 불어오는 역풍을 받으며 7분 37초의 기록으로 우승했다. 조정에는 공식적으로 정해진 시간이 없다. 같은 2000미터여도 코스의 파도 상태, 풍향에 따라 20~30초 정도 차이가 나기 때문이다. 다른 보트보다 무조건 빨리 들어오기만 하면 된다. 쓰다는 올림픽

* Japanese Olympic Committee, 일본 올림픽 위원회.

최종선발전에서 다른 보트 3개보다 압도적으로 빠르게 들어왔다. 이후 5월에도 국내에서 2연승을 거뒀지만 그의 집중력은 거기까지였다.

JOC가 최종적으로 모스크바올림픽 보이콧을 결정한 건 5월 24일이었다.

"겉으로는 '올림픽 따위가 뭐!'라거나 '이렇게 된 거 다른 거라도 할까' 같은 말을 했지만 사실 상당한 충격을 받았어요. 훈련할 때도 올림픽이 아니라 제 인생에 대해서 계속 생각했죠. 학생이거나 실업팀 선수라면 올림픽 말고도 할 일이 있겠지만, 저는 대학을 나온 뒤 지금까지 5년간 아르바이트를 하면서 근근이 생활해왔어요. 올림픽에 나가서 메달을 따자는 생각뿐이었고, 그게 전부였어요. 저만의 생활이랄 게 없었던 거죠. 올림픽이 끝날 때까지는, 적어도 이런 문제에서 자유로울 거라고 생각했는데…… 올림픽이 사라지니까 제가 해왔던 생활, 살아온 인생과 마주할 수밖에 없었어요."

6월 15일, 루체른조정대회에 출전한 그는 당연하다

는 듯 패배했다.

그러나,

올림픽에 나간다는 발상은, 일상 생활자의 발상치고는 나쁘지 않았고, 그 생각 이후 쓰다 마사오의 생활은 마치 스포츠 만화의 주인공이라고 할 수 있을 정도로 순조로웠다.

"오늘, 굿 아이디어가 떠올랐다! 나도 이걸로 자신감을 가질 수 있을 것 같아!"

그가 일기에 이렇게 쓴 날이 있었다.

1975년 1월 초였다.

그날 그는 올림픽에 나가 금메달을 따자는 생각을 하고 말았다. 1952년 도쿄에서 태어난 쓰다 마사오는 스물셋이 되었다. 어린애 같은 생각을 할 나이는 지났다. 그러나 그가 그 생각에 집착한 이유가 있었다.

"삼수를 해서 그저 그런 대학에 갔어요. 거기서 마작만 하다 유급될 뻔했고요. 도대체 뭘 하고 있는 거지, 이런 기분이었어요. 망한 것 같았죠. 도쿄여대에 간 여자친구는 뭔가 척척 해나가고 있어서, 어쩐지 더

못난 것 같은 기분도 들고……"

중학교와 고등학교는 도쿄교육대학 부속이었다. 현재는 쓰쿠바대학 부속 오쓰카고등학교. 재학생들과 졸업생들은 그냥 '부속'이라고 한다. 쓰쿠바에는 또 다른 부속고등학교가 있는데, 거기는 '부속 고마바'라고 한다. 이들 세계에서 지명 등을 붙이지 않고 단순히 부속으로 불리는 건, 한 단계 위라는 인식이 있다. 그는 그 '부속' 출신이라고 했다. 부속중학교에서 부속고등학교로 진학할 때도 시험을 보는데, 그 시험에서 절반 정도는 떨어진다. 그는 그 시험도 통과했다.

"도쿄대 물리학과에 갈 생각이었어요. 부속에서는 도쿄대가 아닌 대학은 대학도 아니라는 분위기가 있었거든요. 도쿄대에 네다섯 명이나 붙는 반도 있었어요. 저희 반은 그 정도는 아니었지만요. 저도 현역일 때는 불합격이었어요. 중고등학생 때 축구를 했거든요. 축구하는 애들은 전부 도쿄대에 간다는 얘기가 있어서 보통 축구랑 공부를 양립하곤 해요. 학교에서는 축구, 집에서는 공부 이렇게요. 그런데 저는 축구만

한 거예요. 성적은 중간 정도였고, 공부를 별로 좋아하지도 않아서 집에 가서도 축구만 한 거죠.

그래서 삼수를 했는데, 그때 처음으로 도쿄에는 도쿄대 말고도 많은 대학이 있다는 걸 알게 됐어요. 그즈음 사진전문학교도 다녔어요. 도쿄대 못 가면 사진으로 먹고살려는 생각도 있었거든요. 근데 그 학교도 사진을 찍는 기술은 가르쳐주지만, '무엇'을 찍어야 하는지에 대한 사상까지 가르쳐주지는 않았어요. 그래서 기술은 됐고 도쿄대는 아니더라도 어쨌든 사범대로 가서 '무엇'에 대해 배워야겠다는 생각이 들었어요. 그렇게 도카이대학 원자물리학과에 간 거예요. 삼수까지 해서 갔는데 그래도 높은 과에 가야지, 라는 생각도 있었고요."

그리고 2학년이 끝날 무렵, 유급이 될 뻔했다. 그와 같은 이력을 가진 사람이라면 거기서 자신감을 잃고 기가 죽는다 해도 이상한 일이 아니었다. 그러나 그가 그 일을 만회하기 위해 생각한 건 '올림픽 출전'이었다.

그리고 '어차피 하는 거 금메달을 따야겠다'고 생각

했다.

자신감 회복과 금메달 사이에는 엄청난 거리가 있지만, 그는 그저 단순하게 생각해버리고 말았다. "어렸을 때부터 몸집이 컸어요. 지금 180센티미터에 82~83킬로그램인데요, 초등학교 졸업할 때 이미 키가 174~175에 60킬로그램이었죠. 초등학생 때 정말 엄청 컸거든요. 그래서인지 어릴 때부터 운동에서는 1등을 해야 한다는 강박 같은 게 있었어요. 운동만큼은 지고 싶지 않았달까요.

그래도 프로 선수가 되려는 생각은 전혀 없었어요. 야구도 스모도 좋아하지 않았거든요. 일단 늘어지는 게 싫었어요. 특히 야구는 너무 오래 걸리잖아요. 또 저는 운동, 스포츠라는 걸 공부나 연구 같은 것보다 한 단계 아래라고 생각했어요. 머리를 안 써도 할 수 있지 않나, 싶어서 무시하고 있었던 거죠. 그래서 머리도 쓰고 몸도 써서 진심으로 임하면 올림픽 금메달도 불가능한 일은 아니라고 생각했던 거예요.

몬트리올올림픽까지 1년 반이나 있었어요. 그러니

까 이제부터 해도 늦지 않다고 생각했죠."

몬트리올올림픽은 1976년 가을. 그는 1년 반 동안 훈련을 해서 금메달을 따려 했다.

진심으로 그렇게 생각했다.

농담이 아니라.

"처음에는 요트를 타려고 했어요. 친구가 요트를 탔거든요. 근데 가끔 하는 얘기를 들어보면 요트는 항구의 육지 계류권을 따는 게 힘들디라고요. 1년 반 만에 몬트리올에 갈 수 없을 것 같았어요. 또 거리도 마음에 걸렸어요. 집(당시는 세타가야의 세이조)에서 에노시마에 있는 요트 항구에 가려면 제3게이힌도로를 타야 하는데, 거긴 차가 너무 많잖아요. 매일 못 다닐 거라는 생각이 들더라고요.

그다음에는 양궁을 해볼까 했어요. 몇 번 해봤는데 꽤 잘 맞았거든요. 실은 양궁 천재인가, 이런 생각이 들 정도로요. 근데 올림픽에서 금메달을 딴다는 건 1밀리미터, 2밀리미터 싸움이라고 하더라고요. 저는 눈이 안 좋아요. 왼쪽이 0.2, 오른쪽이 0.1이에요. 그래서 포기했어요. 사격도 할 수 있지 않을까 싶었는데, 이건 한 발 한 발이 다 돈이고 역시 시력이 중요하잖아요. 자전거를 좋아하니까 사이클도 좋지 않을까 했는데, 연습할 데가 없더라고요. 고라쿠엔의 경륜장은 문을 닫았고, 집 근처에도 적당한 곳이 없었어요. 그리고 사이클은 프로 선수들이 있고, 조직도 있으니까 선수 층이 굉장히 두터울 것 같더라고요. 피라미드처럼 탄탄한 조직에 갑자기 낄 수는 없잖아요. 비슷한 이유로 팀 스포츠도 배제했어요. 난데없이 나타난 스물세 살짜리가 '올림픽 나가고 싶어요'라고 하면 '너 바보야?'라는 말만 들을 테니까요.

그리고 중고등학생 때 축구를 해서 팀 스포츠의 답답한 부분이 뭔지도 알고 있었어요. 팀 스포츠는 제가 아무리 열심히 해도 동료가 실수를 하면 지는 경우가 생겨요. 팀 스포츠의 재미가 이기고 지는 걸 함께 나누는 거라고들 하지만, 전 그게 납득이 안 됐어요. 공부만 하느라 연습을 못 한 녀석이 실수를 해서 지면 너무 속상하잖아요.

조정, 그것도 싱글스컬은 정말 번뜩 떠올랐다고밖에 말을 못 하겠어요. 뭘 보고 생각한 것도 아니고, 남이 얘기해준 것도 아니에요. 그냥 머리에 딱 그 장면이 떠올랐어요. 제가 초등학교 6학년 때 도쿄에서 올림픽을 했는데, 그 무렵 〈아사히 그래프〉에 소련 선수가 싱글스컬에서 3연승을 거뒀다는 기사가 실렸어요. 기사랑 사진을 보면서 왠지 감동했는데, 그 생각이 난 거예요. 벽장을 뒤져서 그때 잡지를 찾아봤어요. 3연승을 했던 선수는 소련의 뱌체슬라프 이바노프라는 선수였습니다.

싱글스컬 정도면 될 것 같다고 생각했어요. 첫째, 신문에서 싱글스컬 기사 같은 걸 보는 일은 좀처럼 없잖아요. 그만큼 대중적이지 않다는 거죠. 그래서 선수가 거의 없을 거라고 생각했어요. 고등학생 때, 축구부 옆에 조정부가 있어서 걔네가 자주 왔는데, 자기들은 도都 대회 나가면 무조건 8강 안에 든다고 했거든요. 그걸 막 킬킬대면서 말하곤, '도내에 조정부 있는 학교가 몇 개나 있는지 물어봐봐'라고 해서 들어보면, 8개가 다였어요. 그런 말을 자주 했던 기억이 나요. 그래서 보트 같은 걸 탈 놈은 없다고 생각했죠. 즉, 조금만 열심히 하면 올림픽에 나갈 수 있다는 거예요.

또 다른 이유도 있었어요. 보트가 손으로 젓는 것처럼 보이지만, 실은 하체가 중요해요. 고등학생 때 조정부 애들한테서 들은 거예요. 저는 축구를 했기 때문에 하체는 자신 있었어요. 그래서 이거면 몬트리올 갈 수 있다고 좋아했죠. 게다가 도다 보트장에 갈 때는 순환로를 타면 돼요. 차가 많은 건 반대 방향이니까, 아침에 가기에도 훨씬 수월할 거라고 생각했죠."

계획은 시작돼버렸다.

그, 쓰다 마사오의 계획상 몬트리올올림픽까지의 스텝은 이랬다.

우선, 그해 2월부터 연습을 시작한다. 여름에는 전국체전에 나가 우승한다. 가을에 열리는 전일본선수권대회에서도 우승한다. 그러면 올림픽 국가대표 선발전이 남는다. 물론 거기서도 우승한다.

　실제로 우승을 할 수 있는지는 문제가 아니었다. 몬트리올에 가서 메달을 딴다는 목표를 설정하고, 거기에 이르기까지의 과정을 생각해보면, 전국체전에서도 전일본선수권대회에서도 우승을 해야만 했다. 그리고 그에겐 그런 것들이 큰 벽으로 느껴지지 않았다. "문득 떠올린 자신의 아이디어에 취해 있었다"고 할 수밖에 없다. 이 사람은 자신의 원대한 꿈에 오랫동안 취할 수 있는 외고집을 갖고 있었다.

　그러나 고집만으로는 앞으로 나아갈 수 없다.

　마치 당연하다는 듯, 난관에 부딪친다.

　우선, 그에게는 보트 자체가 없었다. 아니, 그보다 더 어려운 문제가 있었다.

　그가 치질이었다는 것이다. 수술 자체도 굉장히 아프다고 하지만, 문제는 고통만이 아니다. 치질이라는 병에는 어딘가 굴욕적인 느낌이 동반된다. 조정을 하려면 잘라내야만 했다.

　그러나 그는 이게 맞나 싶은 생각이 들었다. 아프고

굴욕적인 수술을 감내할 만큼 조정에 진심인 걸까. 여러 경우의 수를 생각해봤다. 수술을 하고 보트를 타지 않는다. 이건 말도 안 된다. 그는 수술을 하고 아무것도 하지 않는 것이야말로 최악이라고 생각했다.

그다음으로 나쁜 건 수술을 하지 않고 보트를 시작하는 것이다. 아니, 수술도 안 하고 보트도 안 타는 것이야말로 진짜 최악 아닐까. 그는 생각했다. 그럼 일단 치질 수술부터 하자. 그리고 보트를 시작하는 거야.

그는 마음을 굳게 먹고 항문과 문을 넘었다. 정확히 말하면 그의 계획은 거기서부터 시작했다.

그다음에는 보트를 손에 넣어야 했다.

그의 담담한 이야기를 들어보자.

"저는 보트를 빌릴 수 있을 줄 알았어요. 근데 이게 말도 안 되는 거였더라고요. 아라카와구区 오쿠尾久에 일본에 단 하나뿐인 레이스용 보트 제조업체가 있는데, 거기에 보트를 주문해야 한다는 거예요. 일단 무작정 가봤어요. 그런데 한 척에 20만 엔이나 한다고 해서 가슴이 철렁하더라고요. 그런 큰돈은 없었거든요. 그래도 계획을 포기할 수는 없었어요. 돈을 마련하기 위해 뭔가 팔 게 없나 찾아봤는데, 중고로 산 혼다 S600이 있더라고요. 10만 엔 주고 샀던 건데, 마침 그걸 사고 싶다는 사람이 있었어요. 그 차는 지금도 인기가 많아요. 저도 도쿄를 샅샅이 뒤진 끝에 겨우 발견했거든요. 10만 엔 주고 샀지만 제가 수리도 했던 거라 30만 엔 주고 팔았어요. 그 돈으로 20만 엔짜리 보트를 주문했죠. 한 달이면 된다고 하더라고요. 그리고 보트 만드는 사람이 복근 운동이랑 팔굽혀펴기, 둘 다 100번 이상은 해야 싱글스컬을 할 수 있다고 해서 바로 운동을 시작했어요. 매일 14~15킬로미터를 뛰기도 했고요. 그런데 제일 중요한 보트가 계속 안 왔어요. 좀처럼 완성이 안 되더라고요. 바빠서가 아니라, 한 번도 보트를 타본 적이 없는 아마추어의 보트를 어떻게 만드느냐가 문제였어요. 저는 여름 전국체전부터 이겨야 하는데, 정말 난감했죠. 오죽하면 그만둘까, 라는 생각까지 할 정도였어요. 그러다 6월이 됐는데 조정협회에 있는 어떤 분이 제가 안돼 보였는지, 한 척에 100만 엔이나 하는 스위스제 보트에 타게 해주셨어요. 멋지게 쓱쓱 노를 저어나가면 협회 사람도 나를 인정해주겠지 싶었는데, 결과가 정말 끔찍했어요. 도다 보트장의 코스를 아주 조금 젓는 사이에 세 번이나 전복됐거든요. 보트는 카누랑 달라서 한 번 전복되면 그 자리에서는 다시 못 일으켜요. 헤엄을 쳐서 해안까지 밀고 간 다음, 해안에 기어 올라가서 다시 타야 해요. 그걸 세 번이나 반복한 거예요. 협회 사람은 '보트 괜찮아?' '보트 부서진 거 아니야?' 하면서, 그저 보트만 걱정하고 있었죠.

제가 종목을 잘못 선택한 건가 싶더라고요."

보트가 전복되는 건 당연했다. 그는 누구에게도 조정을 배우지 않았고, 오직 조정협회 사람에게 받은 《그림으로 보는 롤링》이란 책 한 권만 봤으니까 말이다. 그의 계획은 첫 단계부터 수렁에 빠지고 말았다. 그래도 계속했던 건 드디어 보트를 손에 넣었기 때문이었다. 8월 전국체전에 나가 우승한다는 계획은 생략할 수밖에 없었지만, 11월에 열리는 전일본선수권대회 우승을 다시 첫 번째 목표로 삼았다. 보트가 전복되지만 않는다면 할 수 있다고 생각했다. 그리고 실제로 그렇게 됐다.

대회에 나가기 전 그는 자신만의 클럽을 만들었다. 조정대회에 참가하려면 어딘가에 소속되어야 했다. 그러나 들어갈 수 있는 클럽이 없었다. 대학 동아리에 들어가면 허드렛일부터 하게 된다. 올림픽에 나가야 하는데, 그런 일이나 하고 있을 시간이 없었다. 그래서 대회 참가를 위해 자신만의 클럽을 만든 것이다. 이름은 "더 토루 킹 클럽"—금메달을 따는 클럽이라는 뜻이었다.

그는 도다 보트장 코스 동쪽 끝에 있는 국립경기장 3번 선착장에 보트를 두고, 매일 오토바이로 순환선을 탔다. 보관료는 1년에 24,000엔. 매일 다니다 보니 기름값도 들었다. "어떻게 되든 몬트리올에 가서 결판을 내야 했어요. 얼른 목표를 달성하지 않으면 엄청난 적자를 찍을 테니까요. 그 적자는 보트를 팔아서 메워야 했죠."

그는 그런 현실적인 계산도 하고 있었다. 그에겐 올림픽에서 금메달을 따겠다는 반쯤 꿈같은 계획을 세우는 이상적인 면모와, 지극히 일상적으로 꼼꼼하게 계획을 세우는 현실적인 부분이 공존했다.

어쨌든 그는 도다 보트장에 매일 출근했다. 아침과 저녁의 선선한 시간대에는 각 대학의 에이트* 멤버들이 연습을 하기 때문에, 그 시간을 피해 한낮의 뙤약볕 아래 물병 하나 들고 노를 저었다.

참고로 말하자면, 그의 아버지는 회사원이다. 갑자기 올림픽에 미친 듯이 꽂힌 그에게 아버지는 아무 말도 하지 않았다. 딱히 도움을 주지도 않았다. 쓰다 마사오에게는 쓰다 리코라는 누나가 한 명 있는데, 그녀는 예대 대학원을 나온 클래식 피아니스트다. 쓰다 마사오가 보트로 세계 최고가 되려 하고 있을 때, 그의 누나는 유럽에서 열리는 콩쿠르에 나갈 준비를 하고

---

* 조정 경기의 종목 중 하나로, 키잡이 역할을 하는 콕스를 제외하고 여덟 명이 노를 젓는다.

있었다. 그는 부모님이 누나 쪽에 더 관심을 갖고 있었던 것 같다고 했다.

조정을 시작했다는 건 친구에게도 말하지 않았다. 조정으로 올림픽에 나간다고 하면 "무조건 바보 취급을 당할 것 같아서"였다. 전일본선수권대회에서 우승을 할 때까지는 아무에게도 말하지 않겠다는 것이 그의 마음이었다. 한마디로 말해서 그는 고독했다. 그러나 진정한 의미로 고독했던 건 아니다. 외롭게 연습하는 자신을 의미 있는 존재로 대상화했기 때문이다.

그는 이렇게 말했다.

"《내일의 죠》와 《거인의 별》*을 보고, 사실 나야말로 내일의 죠가 아닐까 생각했어요."

스포츠 만화의 영웅은 말하자면 그의 거울이었다. 그리고 실로 1970년대적으로 영웅적인 거울이라 할 수 있었다. 그는 좌절할 수 없었다.

- 각각 복싱과 야구를 주제로 한 스포츠 만화.

연습을 시작한 지 근 두 달 뒤인 1975년 10월 10일. 요미우리조정대회의 배지 테스트(기록회)˙가 열렸다. 쓰다 마사오는 거기서 뜻밖의 좋은 성적을 낸다.

"1000미터 코스였고 제 기록은 3분 47초였습니다. 일본에서는 3분 45초가 좋은 기록이었으니, 괜찮았던 셈이죠.

그러고 일주일 뒤에, '사가미호湖조정대회'가 있었어요. 저한테는 그게 첫 시합이었죠. 사실 참가자는 몇 명 없을 거라고 생각했어요. 그런 작은 경기에 올 놈은 없을 테니까요. 그런데 스물너덧 명이나 와서 깜짝 놀랐어요. 하지만 예선 1000미터에서 3분대의 기록을 낸 건 저밖에 없었어요. 1등이었죠. 역시 이 바닥은 대단한 수준이 아니라고 생각했어요.

결승에서는 부표에 두 번이나 부딪혔어요. 그때까지는 똑바로 노를 저을 수가 없었던 거죠. 그래도 3등이었어요. 이 경기에서 이런저런 걸 배웠으니 11월 전

• 대회와 달리 기록 갱신이 목적인 레이스.

일본선수권대회에서는 당연히 우승할 거라고 생각했지만, 다시 3등이었죠. '다나카'라는 아주 강한 놈이 있었거든요. 스물셋으로 저랑 나이는 같지만, 조정을 13년 동안 했다더라고요. 저는 처음부터 전력으로 나갔는데, 힘이 달려서였는지 마지막 50미터에서 추월당하고 말았습니다."

올림픽에 나가기 위해 우선 전일본선수권대회에서 우승한다는 계획은 실패했다. 그렇다고 그가 포기한 건 아니다. 그는 승산이 있다고 봤다. 다른 선수들과 붙어보니 그럴 만한 이유도 찾을 수 있었다.

그건 바로 이런 것이다.

조정협회에는 전무이사, 마에다라는 사람이 있다. 쓰다가 선수로서 보트에 관해 배운 게 있다면, 이 사람이 가르쳐준 것이다. 마에다 전무이사는 쓰다에게 오로지 해외 조정 선수의 기술에 대해서만 가르쳤다. 마에다는 세계 조정의 흐름을 잘 알고 있었다. 그래서 쓰다 마사오는 일본 조정에 대해 배우기보다 오히려 해외로 눈을 돌렸다. "일본의 조정은 각 대학의 전통

등을 중시할 뿐 기술적으로는 아무런 변화 없이 똑같았기 때문"이라고 했다.

그가 조정을 시작하고 처음으로 충격을 받았던 건 자신의 보트를 받았을 때였다. 그는 왜 놀랐을까. "몇십 년 전에 만들어진 보트랑 구분이 안 되더라고요. 똑같았어요. 100년 동안 똑같은 설계로만 만든 게 아닐까 싶을 정도였죠. 보트의 시트seat도, 리거rigger˙도 완전히 똑같아요. 일본에서는 델타조선이라는 회사에서만 보트를 만들거든요. 그래서 보트를 기술적으로 접근하기보다 수공예품처럼 만들게 된 거예요."

그는 보트가 나가는 방법도 이와 비슷하다고 했다. 여기에도 전통적인 방식이 있다고.

그는 보트가 앞으로 나가는 방법에 대해 이렇게 생각했다. 우선 노를 타원형으로 그리며 끊임없이 젓는 것. 이건 어디에나 쓰여 있는 기본적인 방법이다. 그

- 노를 고정하기 위해 선체 좌우로 크러치crutch라는 부품을 설치하는데, 크러치는 선체에서 50~60센티미터 정도 떨어져 있다. 크러치와 보트를 연결하는 부품을 리거라고 한다.

리고 노가 수면 위로 올라왔을 때는 재빨리 물에 넣는 것. 이래야 더 많이 노를 저을 수 있다. 물론 당연하다. 그러나 그렇지 못한 경우가 생긴다.

"노를 가능한 한 빨리 물에 넣으려고 하면, 수면 위로 떠오르게 돼요. 당연합니다. 그걸 '로스'라고 해요. 노는 높은 쪽이 물결에 맞지 않도록 가져가요. 그게 좋다고 하는 대학도 있죠. 대학 스포츠에서 내려오는 전통이랄까요. 예전부터 구전으로 전해 내려왔는데 그게 굳혀져서 전혀 변하지 않았어요. 몸을 쓰는 법도 그렇습니다. 와세다에서는 시트 슬라이딩* 거리를 짧게 해서 상체를 있는 힘껏 앞뒤로 흔드는 게 좋다고 해요. 가능한 한 몸을 앞으로 굽혀서 가장 먼 쪽의 물을 잡은 다음 상체를 내리라는 거죠. 근데 이건 말도 안 돼요. 이렇게 하니까 허리를 다치는 거예요. 시트 슬라이딩 거리를 길게 해서, 상체보다 다리 힘을 전력으로 쓰는 게 좋아요."

* 조정 보트의 시트는 고정되어 있지 않고 앞뒤로 움직인다.

그가 누구에게도 배우지 않고 혼자서 하려고 생각한 데는 이런 이유도 있었다. 예전부터 바이블처럼 여겨지던 것이라고 해서 맹목적으로 받아들이면, 제대로 된 선수가 될 수 없다는 걸 깨달았기 때문이다. 즉, 그는 갑자기 보트계에 뛰어든 후발주자의 눈으로 이 세상을 바라보게 된 것이다. 그러니 오히려 객관적일 수 있었다.

보트를 개조하기도 했다. 보트는 가벼운 편이 좋기 때문에, 시트를 앞뒤로 움직일 수 있게 하는 경합금 레일에 구멍을 냈다. 부드럽게 슬라이딩하는 기능만 해치지 않는다면, 구멍을 내도 상관없지 않을까 하는 생각이었다. 틀린 말도 아니다. 보트의 바디 부분도 손을 봤다. 선체 옆 부분에 구멍을 여러 개 뚫은 다음 얇은 플라스틱판으로 덮어놨다. 그만큼 무게가 가벼워진다.

노의 손잡이 부분은 손이 미끄러지지 않도록 돌기 모양의 고무를 씌운 일본 제품이었다. 이것도 과거와 똑같은 디자인이었다. 쓰다 선수는, 돌기보다는 손잡이 고무 부분이 미세하게 오목할 때 노 젓기가 쉽다며, 디자인을 바꿨다.

준비를 하는 데는 공을 들였다고 할 수 있다.

거기까지 마쳤을 때, 그의 마음은 이랬다—할 수 있는 건 다 했어. 이제 이기기만 하면 돼.

그다음 해인 1976년, 몬트리올올림픽이 열린 바로 그해, 쓰다는 4월에 열린 '하나미조정대회'에서 처음으로 우승을 했다. 몬트리올올림픽에 닿을 만한 곳까지 간 셈이었다.

그러나, 몬트리올올림픽에 나간 선수는, 쓰다가 아니었다. 그가 출전했던 첫 경기인 '사가미호조정대회'에서 그와 다퉜던 다나카도 아니었다. 조정협회는 싱글스컬 선수가 아닌 에이트 선수들을 몬트리올로 보낸다는 결정을 내렸다.

그의 꿈이 깨져버린 셈이다.

그러나, 쓰다 마사오는, 이 좌절을 낙천적으로 이겨냈다.

"몬트리올올림픽에 싱글스컬 선수가 안 나가서 다

행이라고 생각했어요. 만약 싱글스컬에서도 누군가를 뽑았다면 틀림없이 제가 아니라 다나카 선수였을 거예요. 싱글스컬에서는 아무도 출전하지 않은 덕에 패배감도 적었고, 데미지도 크지 않았어요.

저는 모스크바올림픽이 있을 거라고 생각했어요. 그럼 저는 스물여덟이겠죠. 조정은 27~28세에 힘과 기술이 절정에 달한다고 알려졌어요. 딱 좋은 때인 거죠. 금메달도 가능하다고 생각했어요."

금메달을 따겠다는 그의 계획은 현실성을 갖기 시작했지만, 다음 올림픽까지 4년이나 더 기다린다는 것은 20대의 뭔가를 포기해야 하는 일이기도 했다.

몬트리올올림픽의 해인 1976년, 쓰다는 9월 전국체전 우승을 시작으로 11월 전일본선수권대회마저 제패했고, 이후 지는 걸 모르는 상태가 됐다. 1977년에는 어떤 경기에 나가든 우승을 했다. 1978년 가을 전일본선수권대회에서 2위가 될 때까지, 거의 2년간 국내 경기에서 18연승을 기록했다. 평범한 생활을 했다면 거기까지 갈 수 없었을 것이다.

대학을 졸업하면 취업을 해야 한다. 하지만 조정이라는 종목을 이해하고 협조해주는 기업은 적다.

노베오카에 있는 아사히카세이 실업팀에 들어간 마라톤 선수 소 시게루, 소 다케시 형제는 이른 오후부터 회사를 나와 훈련에 돌입한다. 인기 종목의 엘리트 선수에게는 이런 울타리가 주어진다. 합숙을 하거나 원정을 가는 것도 업무로 인정된다.

쓰다가 조정을 선택했을 때, 취업을 하고 나서도 계속할 수 있을지에 대해서는 생각하시 못했다. 그의 유일한 실수였다. 1978년 도카이대학 원자물리학과를 졸업한 뒤, 그가 얻을 수 있던 일자리는 경정競艇조합 경비원뿐이었다.

"경비 일은 유니폼을 입는 게 싫어서 거절했어요. 사진을 배웠으니 시부야에 있는 작은 기획사에 취직했는데, 반년 만에 잘렸어요. 경기가 있을 때마다 쉬는 건 자신들 업무에 지장이 있다고 해서요. 근데 저도 힘들긴 했어요. 아침 5시에 일어나서 7시까지 훈련하고, 일하러 갔다가 저녁 6시 넘어서부터 또 8시까지 반복. 일도 훈련도 너무 힘들어서, 볼거리에 걸리거나 열이 나는 일이 많았어요. 1978년 전일본선수권대회에서 2위를 했던 건 낮 훈련을 할 수 없었기 때문이에요. 대회 준비하면서 낮 훈련을 시작하자마자 일사병에 걸렸거든요.

대학을 졸업하고 나서는 도다 보트장 근처로 이사했어요. 월세 4만 엔의 아파트였지만, 조정을 할 수밖에 없는 셈이 됐으니까요. 취업까지 망쳤는데 금메달까지 못 딴다면, 수지가 하나도 안 맞았습니다.

기업에서는 같은 조정 선수라도 에이트 선수들은 좀 좋아해요. 오래된 종목이라, 각 대학의 졸업한 선배들이 이미 사회에 나가 있거든요. 또 에이트는 여러 명이 하는 거라 팀워크도 자연스레 길러지잖아요. 대학에서 에이트를 했다고 하면 기업에서도 좋아하더라고요. 근데 싱글스컬은 혼자 하는 스포츠잖아요. 누군가와 협동하지 않죠. 이걸 별로 안 좋아하더라고요.

시부야 기획사에서 잘린 다음에는 아르바이트 생활을 했어요. 왜 신문 구인란에 올라오는 일들 있잖아요. 맨 처음 했던 일이 신문 윤전기 다루는 일이었어요. 오후에만 했는데 한 달에 8만 엔을 벌었습니다. 그리고 조정협회에서 식비로 매달 2만 엔이 나왔어요. 사실 단백질 같은 걸 보충하라고 주는 돈인데, 저는 그걸 진짜 식비로 썼죠.

윤전기 아르바이트도 반년 만에 관뒀어요. 1979년 여름 세계선수권대회에 싱글이 아닌 더블스컬로 출전하게 됐거든요. 같이 나가는 상대와 합숙을 해야 했어요. 그분이 나가노현 시모스와정町 동사무소 토목과에서 일하셨는데, 거기 정장님이 나가노현 조정협회 회장을 하고 계셔서 저는 토목과 임시직으로 일을 하게 됐어요. 도로 공사나 하수구 청소를 하는 일이었죠. 스와에 있는 보트 창고에서 숙식을 해결해서 돈이 들지는 않았네요.

세계선수권대회에서는 패자부활전을 했는데 떨어졌어요. 결승에 가지 못했죠. 그리고 다시 돌아가서는 또 아르바이트를 구했어요. 그다음으로 한 게 전문지 배달이었습니다. 새벽 2시 반쯤 일어나서 오토바이를 타고 도라노몬 배달 센터로 갔어요.

간다, 이다바시, 오차노미즈 근처 회사에 15~16종 되는 전문지들을 배달하는 일이에요. 다 돌고 돌아오면 아침 7시쯤이었어요. 한 달에 7만~8만 엔을 벌었죠. 9시부터 12시까지는 훈련을 하고, 이후 30분 정도는 웨이트를 했어요. 오후 3시까지는 이런저런 장을 보고 다시 훈련 2시간, 1시간 웨이트.

매일 그렇게 하다 보면 싫증이 날 때가 있어요. 저를 독려해줄 코치가 있는 게 아니니까요. 시합에 나가서 이기다 보니 이런저런 코치님들이 여러 말씀을 해주셨지만, 의지하진 않았어요. 납득할 수 있는 부분들은 참고하되 전적으로 믿지는 않았죠. 그럴 수 없다는 걸 알고 있었으니까요. 혼자 하다 보면 막히는 날이 있어요. 되도록 그렇게 되지 않으려고 저는 저와 일종의 훈련 계약을 했습니다. 오늘은 몇 번을 젓겠다고 미리 계약을 하는 거예요. 중간에 하기 싫어질 때마다 이건 계약 위반이라고, 그럼 금메달을 못 딴다고 스스로를 타일렀어요. 스스로에게 계속 말한 셈이죠. 한 번만 더 저으면 금메달을 딸 수 있다고요……"

그리고 세월이 흘렀다. 그의 20대 중후반은 보트와 함께 흘러간 거나 다름없었다. 다른 건 거들떠보지도 않고 말이다. 오직 올림픽에 나간다는 생각만 하면서.

결산은 된 걸까. 그가 청춘이라는 시간을 소비한 대가로 바라던 열매를 맺은 건 맞을까. 하나에 목숨을 걸어봤다는 이유로, 그의 청춘이 그런대로 아름다웠다고 말할 수는 없을 것 같다.

그가 자신의 얘기를 해주던 곳은 이타바시구 하스네蓮根의 다카시마다이라 단지 바로 근처 임대아파트의 방 하나짜리 집이었다. 방 안은 온통 보트에 관한 것들로 가득했고, 주방에는 드링크 '아카마무시'가 서른여섯 병이나 쌓여 있었다. 근처 슈퍼에서 한 병에 30엔에 팔 때, 사둔 것이다.

갑자기 비인기종목의 국가대표가 되겠다는 생각에

• 살무사 추출액, 인삼 등이 들어간 자양강장제.

사로잡혀, 단 한 사람의 올림픽을 위해 20대의 5년을 아르바이트와 훈련에 바치며 싸워온 남자의 방에 있는, 한 병에 30엔짜리 '아카마무시' 드링크는 묘할 정도로 섬뜩하고 현실적이었다.

그는 모스크바올림픽 국가대표로 뽑혔다. 그러나 일본은 그 올림픽에 참가하지 않았다.

그는 "결국은"이라는 말로 입을 뗐다. "저는 저를 위해 여기까지 온 거예요. 나라를 위한 것도, 대학을 위한 것도 아니었죠. 오로지 저 자신을 위해서였어요. 그래서 계속 보트를 탈 수 있었어요. 그래서 아르바이트로 간신히 생활을 유지하면서도 계속 보트를 탔던 거예요."

쓰다 마사오는 현재 한 전자회사에서 근무 중이다. 이제 보트는 타지 않는다.

등번호 94

- 1 -

"아아, 네가 구로다구나."

예년처럼 조금 높은 목소리로 그렇게 말한 나가시마 시게오˙ 감독은 교복을 입고 꼿꼿이 서 있는 소년에게 다가갔다.

구로다는 이럴 때 어떤 표정을 지어야 할지 몰라 그저 멍하게 서 있을 뿐이었다. 뭐 해, 인사해야지, 라고 말한 건 담임선생님이었던 것 같다. 구로다는 멋쩍은 듯 오른손으로 머리를 긁으며 고개 숙여 인사했다. 고개를 들어보니 나가시마 감독이 눈앞에 서 있었다. 그 자리와는 전혀 상관없었지만, 구로다는 문득 이런 생각이 들었다. 나가시마 감독님이 입고 있는 양복, 역시 버버리겠지?

지바현립 시모후사농업고등학교 교장실.

- • 요미우리 자이언츠의 영구결번이 된 전 프로야구 선수로 은퇴 후 같은 팀 감독을 맡았고, 이후 종신 명예감독이 되었다.

1975년, 완연한 가을이었다. 그때 구로다는 고등학교 3학년. 그해 여름까지 그는 시모후사 야구부에서 4번을 치는 에이스였다. 그러나 이 학교는 이른바 명문이 아니었다. 고시엔 출전은커녕 지바현 예선에서 우승 후보로 꼽혔던 적조차 없다. 현 내에는 조시상업고등학교, 나라시노고등학교, 가쓰우라고등학교, 지바상업고등학교, 이치노미야상업고등학교……같은 강팀이 있다. 이런 팀들이 있는데, 시모후사 야구부가 빛을 발할 일은 없다.

　하지만, 바로 그곳에 나가시마 감독이 찾아온 건 사실이었다. 나가시마가 요미우리 자이언츠의 감독으로서 첫 시즌을 마친 지 얼마 되지 않았을 무렵이다. 감독 첫해는 '90번'*에게 끔찍한 시즌이었다. 은퇴식을 하던 날, 고라쿠엔구장** 마운드 부근에서 스포트라이트를 받으며 "우리 거인은 영원히 죽지 않을 겁니다"

• 　요미우리 자이언츠 감독 시절 나가시마 시게오의 등번호.
•• 　1987년까지 요미우리 자이언츠의 홈구장이었다. 현재는 도쿄돔.

라고 절규하며 모두의 눈에서 눈물을 흘리게 한 지 불과 1년밖에 지나지 않았음에도, 감독으로서의 평가는 굉장히 안 좋았다. 센트럴리그에서 정규시즌 우승을 차지한 건 히로시마 카프였고, 나가시마의 자이언츠는 창단 최초 11연패를 하며 47승 76패 7무, 승률 0.382로 시즌을 마감했다. 자이언츠는 그해 최하위에 머무를 수밖에 없었다.

그럼에도 나가시마는 여전히 나가시마였다. 등번호는 3에서 90으로 바뀌었지만, 자이언츠는 여전히 나가시마 시게오의 것이었다. 비록 처참하게 패배했지만, 고라쿠엔구장의 관중은 계속 증가했고, 요미우리전의 TV 시청률 역시 떨어지지 않았다.

구로다는 수업 중에 불려 나갔다. 그날 나가시마 감독이 온다는 말은 미리 들은 터였다. 교장실에는 일찍부터 야구부 감독과 후원회장, 구로다의 부모님 등이 모여 있었다. 구로다는 나가시마 감독을 직접 보기 전까지는 반신반의한 상태였다.

"나가시마 감독님한테 네 피칭 영상을 보여줬어. 마

음에 들었나 봐. 그래서 일부러 여기까지 오는 것 같아." 후원회장은 그렇게 말했다.

학교 야구장 바로 근처에 식당이 하나 있는데, 후원회장은 그곳 사장님이다. 구로다가 이 학교에 입학했을 때부터 후원회장이었다. 나가시마 감독에게 보여준 피칭 영상은 구로다가 2학년 때 찍은 거였다.

여름 고시엔이 시작될 때까지, 아무도 시모후사의 투수 구로다에게 주목하지 않았다. 그가 에이스로서 마운드를 지킨 게 얼마 되지 않았기 때문이다. 그러나 막상 던지고 보니 그의 빠른 공을 칠 수 있는 팀이 좀처럼 나타나지 않았다. 웬만해선 지는 일이 없다 보니, 어느새 그는 혼자 60이닝을 훌쩍 넘겼고, 팀은 준결승에 진출했다. 아마 영상에는 준준결승이었던 8강전에서의 피칭이 담겼을 것이다. 그의 투구 영상은 같은 지바현 사쿠라시市에 사는 후원회장의 친구이자 나가시마 감독의 고향 친구에게 전달됐다. 그는 나가시마에게 구로다의 투구 영상을 보여줬다.

"지금 팀에는 젊은 힘이 필요해요. V9 멤버들 힘이

많이 떨어졌거든요. 젊은 선수들이 배짱 있게 똘똘 뭉쳐서 팍, 하고 치고 나가야 해요."

나가시마 감독은 조바심을 내고 있었다.

구로다는, 그냥 단순하게 좋아해도 되는 거 아닌가 생각했다. **바로 그** 나가시마 감독이 일부러 여기까지 와서 모두를 설득하고 있었다.

'그 기사가 내 얘기였던 거야……' 구로다는 그렇게 생각했다.

구로다가 말하는 기사란, 〈스포츠호치〉 한쪽 구석에 실린 거였다. 자이언츠에 가게 될지도 모른다고 생각했을 때부터 그는 매일 아침 〈스포츠호치〉를 샅샅이 훑었다. 어딘가에 자기 얘기가 실릴지도 모른다는 생각에서였다.

기사는 1면 왼쪽 구석에 별로 눈에 띄지 않게 실렸다. '자이언츠 일기'라는 아주 작은 기사였다. 그걸 읽었을 때, 구로다의 얼굴은 눈에 띄게 풀렸고, 며칠간 원래 얼굴로 돌아올 수 없었다.

〈드래프트에서 투수를 보강하지 않은 요미우리 자

이언츠는 지명 외 선수에게 눈독을 들이고 있다. 이미 야와타대학부속고등학교 투수 호카조노 마사시의 입단이 내정돼 있지만, 나카오 스카우트팀 부장은 "아직 다 뽑은 거 아니에요"라고 말했다. 드래프트 제도는 스카우트의 실력을 발휘할 기회지만, 드래프트 밖에서 좋은 선수를 발견하는 것이야말로 스카우트에게는 가장 기쁜 일일지도 모른다. "아직 이름은 말할 수 없지만, 확실한 한 명이 더 있으니 기대해주세요." 나카오 부장은 비밀 병기 획득에 들떠 있었다.〉

기사에 이름은 나오지 않았지만, 구로다는 그 기사가 자신의 이야기라고 확신했다.

교장실에서는 잡다한 이야기가 계속되고 있었다.

차를 다 마시자 커피를 내온 여자 직원은, 고개를 들지 않긴 했지만 달그락달그락 소리를 내며 거리낌 없이 나가시마 감독에게 커피를 건넸다. 이야기는 나가시마 감독의 현역 시절에 대한 향수로 이어지다 갑자기 교장실 창밖 풍경으로 옮겨갔다. 서로의 거리를 좁히려는 시간이 흘렀다. 구로다는 그저 멍하니 앉아 있을 수밖에 없었다. 그는 아직도 바로 그 나가시마가 여기 와 있다는 게 믿기지 않았다.

"문제는"이라며 말을 꺼낸 건 야구부 감독이었다. "구로다가 여기 가와사키제철에 취직을 하기로 되어 있어요. 구로다는 저희한테 끌려온 거거든요."

나가시마 감독은 "그건 스카우트가 처리하게 두죠"라고 간단하게 말한 뒤 구로다를 보며 말했다. "피칭 좀 보고 싶은데. 다마가와에 한번 올래? 그래, 그러면 되겠다."

본론으로 들어가자, 이야기는 빠르게 끝났다.

어느 날 갑자기, 나가시마 감독이 찾아왔고, 구로다의 자이언츠 입단은 또다시 기정사실화됐다.

동향의 위대한 선수가 마침 그때 감독이 아니었다면, 구로다는 아마 다른 인생을 살았을 것이다.

그해 12월 24일, 오테마치의 구단 사무실에서 열린 입단 발표 기자회견에서 구로다는 맨 마지막에 소개됐다. 처음 소개된 건 드래프트 1라운드 지명자 시노즈카 가즈노리였다. 그에게는 수많은 질문이 쏟아졌다.

구로다는 두근거리는 마음으로 "……하루라도 빨리 1군에 올라가 자이언츠를 위해서……"라는 답변을 생각했지만, 그에게 질문을 하는 사람은 없었다. 그 자리에서 유니폼을 건네받고, 등번호를 보니 25라고 되어 있었다. 아니, 이렇게 좋은 번호라니! 구단 직원은 그가 깜짝 놀랄 새도 없이 말했다.

"이건 그냥 촬영용이야."

등번호 25는 1시간도 안 돼 다시 구단에게 돌아갔다. 그건 트레이드를 통해 닛폰햄 파이터스로 막 이적한 도미타 마사루의 유니폼이었다. 기자회견이 끝나고 받은 등번호는 63이었다. 눈에 띄지 않는 번호였다.

그날 밤 그는 라디오에서 자신의 이름을 들었다.

친구가 운전하는 차에서 라디오를 켰는데, 갑자기 자신의 이름이 들렸다.

"……구로다 신지. 다시 한번 요미우리 자이언츠에 입단한 선수의 이름을 말씀드립니다. 먼저 기대를 한 몸에 받는 신인, 조시상업고등학교의 내야수 시노즈카 가즈노리…… 여섯 번째는 시모후사농업고등학교의 투수 구로다 신지."

"으아!!"— 구로다가 소리를 질렀다.

그는 친구의 어깨를 움켜쥔 채 마구 흔들었고, "야, 들었지? 내가 자이언츠 선수가 됐어!"라는 말과 함께 난리를 치며 낮에 있었던 기자회견을 반복해서 얘기했다. 그 상황을 거듭 말하는 동안, 그는 기자들의 질문을 받고 멋지게 대답한 사람이 되어 있었다.

구로다는 라디오를 들으며 자신이 자이언츠 선수가 됐다는 걸 제대로 실감했다. 이 방송을 듣고 있을 친구들의 얼굴도 떠올랐다. 이제 빙그레 웃을 수 있었다. 그는 자이언츠가 자신을 뽑아줘서 정말 고마웠다. 만약 다른 구단에 들어갔다면, 마지막에 소개된 자신의 이름은 나오지 않았을지도 몰랐다.

그렇게 구로다는 자이언츠 선수로서의 인생을 시작하고 말았다. 계약금은 650만 엔. 1년 차 연봉은 168만 엔. 월급으로 14만 엔이었다. 계약금은 부모님께 맡겼다.

"역시 입단 축하 파티를 해야겠지. 그래, 안 하면 안 되지."

구로다를 둘러싼 사람들은 모두 그렇게 생각했다. 구로다가 살던 사와라시市에서 성대한 축하 파티가 열렸다. 무려 300명 정도 모인 파티였다. 아마 그 하루를 위해 계약금의 몇 분의 일 정도는 써야 했을 것이다.

- 2 -

……벌써 5년이나 지났네요.

야구요? 계속하고 있어요. 네, 계속해요. 저는 매일 등판하니까요. 프로에 투수가 몇 명인지는 모르겠지만 매일 등판하는 투수는 거의 없잖아요, 하하. …… 저라도 웃어야 해서.

전 매일 등판해요. 경기 시작 전에 샤워하고 옷을 갈아입지만요.

지금 제 등번호는 '94'예요. 입단했을 때랑 비교하면 숫자가 커졌지만 그게 좋은 건 아니니까요.

자이언츠의 90번대는 감독님부터 시작했지만, 91~99는 특별한 선수들을 위해 쓰기 시작했어요. 배팅볼 투수와 '벽'이라고 불리는 불펜 포수요. 배팅볼 투수는 오래된 사람들부터 차례대로 번호를 매기는데, 저는 그렇게 따지면 네 번째라 94번이에요. 뭐, 배팅볼 투수 중에서는 중간이네요. 좋아하는 번호나 원했던 번호 그런 건 아니에요. 그냥 기계적으로 붙인 번호죠. 그게 배팅볼 투수거든요. 매일매일 기계처럼 계속 던지니까.

고라쿠엔구장 1루 쪽 로커룸, 여기는 선수나 구단 관계자 외에는 들어갈 수가 없어요. 벤치 뒤쪽에 좀 들어가 있는 곳은, 코치실이랑 미팅룸이에요. 계단 올라서 2층으로 가면 자이언츠 전용 로커룸이 나와요. 저희랑 같은 홈을 쓰는 닛폰햄 로커룸은 좀 더 안쪽에 있고요.•

- 현재 홋카이도가 연고지인 홋카이도 닛폰햄 파이터스는 2003년까지 도쿄가 연고지였다.

이 로커룸에도 질서라는 게 있어요. 로커룸에 들어가서 딱 중앙, 그러니까 가장 눈에 띄는 곳에 주력 선수들의 로커가 줄지어 있어요. 들어가서 오른쪽 안쪽이 투수 로커예요. 배팅볼 투수 로커는 들어가서 왼쪽 구석에 있어요. 거기에 사물함 몇 개가 늘어서 있죠. 팀의 투수들과는 멀리 떨어져 있는 거예요.

 저녁 경기를 하면, 저희는 2시쯤 로커룸에 들어갔다가 2시 반 정도에 그라운드로 나와요. 가볍게 몸을 풀고 바로 마운드에 섭니다. 배팅 연습은 4시 정도까지 해요. 그게 끝나면, 샤워를 하고 로커룸에서 옷을 갈아입은 다음에 집에 가요. 그때쯤에는 로커룸이 텅 비어 있어요. 다들 유니폼으로 갈아입고 그라운드에서 몸을 풀 시간이니까요. 로커룸에 아무도 없는데, 저는 제 로커 앞에서만 옷을 갈아입어요. 이상하죠. 좀 넓게 써도 되는데.

 경기를 보는 경우는 거의 없어요. 실제로 일하는 건 2시간 정도?

 돈 쉽게 번다고 생각할지도 모르지만, 그렇진 않아

요. 매일 얼마나 던지는지 알면 그렇게 생각 못 할 거예요.

30~40분 동안 실질적으로 최소 120구 가까이 던져요. 매일 한 경기에서 던지는 정도의 투구를 하게 되는 거예요. 몇 년 동안 그걸 계속하다 보면 정말 어깨가 덜커덕거려요. 틀림없이 그렇게 돼요. 어깨 뒤 근육이 아픈 건 심각한 게 아니에요. 단지 어깨가 뻐근한 거니까요. 근데 어깨 앞 근육이 아프면 안 좋은 거예요. 이건 치료가 필요하죠. 침을 맞거나 마사지를 받거나요. 원래는 구단에서 치료비가 나오지만, 자비로 처리하는 경우가 많아요. 좀 삐뚤어진 건지 뭔지 모르겠지만 아무래도 구단에 빚을 졌다는 생각이 있어요. 돈 달라는 소리를 하긴 좀 어렵죠. 저희는 승수를 쌓아주는 투수가 아니니까요.

"어깨가 안 좋아서요"

라고 하면 "어? 배팅볼 투수도 어깨에 무리가 가는구나"라고 할 것 같아요.

저희는 쉽게 다치는 편이에요.

시즌이 시작되면 원정 가서도 매일 던져야 하니까 어깨가 안 좋다고 며칠씩 쉴 수가 없거든요. 좀 안 좋다고 해도 사실상 사흘 안에 원상 복구해놔, 라는 지시가 내려지는 거예요.

이상한 직업인 것 같아요.

투수는 타자를 잡아서 아웃카운트를 올리고, 던지는 동안 실점하지 않고 승리투수가 돼서 승수를 올리면 잘하는 거잖아요. 원래는 그게 투수의 일이죠.

저희는 그 반대예요.

어떻게 하면 방망이에 잘 맞는 공을 던질 수 있을까. 어떻게 던져야 타자의 타격감이 좋아질까. 그것만 생각해요.

그렇다고 한가운데로 치기 좋은 공만 던지는 건 프로 배팅볼 투수가 아니에요. 치기 좋은 공만 던지면 타자가 안 좋아하거든요. 타자당 공 두세 개 정도는 코너에 꽉 차는 공을 던집니다. 실제로 경기할 때 상대 투수가 던질 만한 정도의 공을 던지는 거죠. 그걸 못 하면 1인분 몫을 할 수 없어요. 배팅볼 투수에게도 프로와 아마추어의 차이는 있는 겁니다.

이것도 일종의 수업이라고 생각해요.

서글픈 수업이긴 하지만요.

나카하타 기요시한테는 몸쪽 높은 공을 던져주는 게 제일 좋아요. 그래야 좋은 타격을 하고, 타격감을 되찾더라고요. 1979년 가을에 이토 캠프˙를 갔어요. 그때 나카하타가 제가 던진 몸쪽 높은 공의 80퍼센트 이상을 산속으로 보내버리더라고요. 그 타격감이 시범경기까지 이어져서 계속 공이 잘 나갔어요. 1980년 시즌이 시작됐을 때도 나카하타가 배팅할 때는 몸쪽 높은 코스로 던지려고 했어요. 근데 시즌 들어가니까 생각처럼 안 되더라고요. 좋은 공을 던지려고 할수록 이상한 공을 던지거나, 치게 해야 한다고 생각할수록 치기 어려운 곳으로 던지게 됐거든요. 배팅볼 투수의 심리도 좀 묘한 것 같아요. 별거 아닌 역할이긴 하지

˙ 1979년 요미우리 자이언츠가 시즌 최하위로 마감하며 진행된 43년 만의 추계 캠프로, 10월 28일부터 11월 21일까지 시즈오카현 이토시에서 실시했다.

만 시즌이 시작되면 나름대로 긴장을 하거든요.

스트라이크존을 짐작하기 어려운 타자도 있어요.

자이언츠에서 은퇴한 존 시핀 같은 타자는 몸쪽으로 치기 좋은 공을 던져줘도 뒤로 물러서요. 근데 오히려 치기 어려운 공은 아무렇지도 않게 담장을 넘겨버리죠.

배팅볼 투수 시작한 지 벌써 3년인데요, 성격이 좀 바뀐 것 같아요. 뭐랄까…… 사람들한테 잘 맞추게 됐달까요. 저만 생각하면서 제 마음대로 할 수는 없잖아요. 그래서 이상하게 어른스러워졌다는 말을 많이 들어요.

고등학생 때는 혼자 야구를 한다고 생각했어요. 투수인 데다 4번 타자까지 했으니까요.

얼마 전에 고등학교 동창회가 있었어요. 옛날 친구들만 모였죠. 아직 어리잖아요. 겨우 스물둘셋 정도니까요. 술 마시며 일 이야기를 하다 보면 회사나 상사 욕을 하면서 이제 그만둘 거라고, 그런 말들을 해요. 그걸 듣다가 제가 말했어요. 그건 아닌 것 같다고요.

"일이라는 건 그런 게 아니야."

 그 대사에 묘하게 힘이 들어갔던 건지, 다들 깜짝 놀라더라고요. 손에 초밥을 쥐고 있던 친구가 어? 하면서 그걸 떨어뜨릴 정도였어요. "구로다, 너 도대체 어떻게 된 거야?"

 그럴 만도 하죠. 저는 혼자 해낸 사람이었으니까요. 먼저 나서서 하고 싶은 걸 해왔던 사람이니까요.

 그러게 말이에요……. 생각해보면, 이제 너무 멀리 온 것 같아요.

 배팅볼 투수를 하다 보니 제구가 좋아지더라고요. 이것도 참 이상한 얘기예요. 다마가와에 있는 2군에 있을 때, 언젠가 1군에 올라갈 생각으로 던지면 이상하게 제구가 잘 안됐는데, 지금은 많이 좋아졌어요. 각 타자에 맞춰서 포인트를 찾아 던지다 보니, 미묘한 컨트롤을 알게 된 거죠. 제 투구 폼이 어떤지 이제 보여요. 어느 타이밍에 공을 놔야 어디로 들어가는지 알거든요.

 가끔 들어요. 커브 좋다고요. 근데 기뻐해야 하는

걸까요? 생각해보면 너무 나쁜 농담 같아요. 지금은 너무 늦었잖아요. 더는 되돌릴 수가 없어요. 몸도 너무 뚱뚱해졌어요. 지금 85킬로그램이거든요. 고등학생 때는 75~76킬로그램이어도 과체중이었는데.

 깨달았을 때는 너무 늦어요……. 저는, 대개 그렇더라고요.

- 3 -

구로다는 중학교에 들어가고 나서 야구를 시작했다. 지바현 사와라시에 있는 신시마초町중학교였는데, 그가 재학 중에 근처 중학교와 합병해 고토중학교가 되었다. 도네강 하류에 있어 주변에 강이 흐르는 삼각주 지대다. 종종 공이 강으로 떨어지는 경우가 있는데, 그때는 공을 주우러 배를 타고 나간다. 구로다는 처음엔 포수를 했다. 그러다 당시 뛰던 투수가 어깨를 다쳐 감독의 권유로 투수로 전향했다. 구區 대회에서 우승하고 현 대회 대표로 출전할 정도로 활약했다.

구로다에게는 형이 둘 있었는데, 모두 야구를 했다. 큰형은 쓰치우라일본대학고등학교 야구부에서 데려갈 정도로 야구를 잘했다. 가장 주목받았던 건 큰형이었을지도 모른다. 큰형이 중학생 때 프로 스카우트가 소문을 듣고 보러 온 적도 있다고 한다. 그러나 고등학교에 들어갔을 때 목의 임파선이 부풀어 오르는 병에 걸려 야구를 그만둬야 했다. 막내인 구로다도 큰형이 간 고등학교 야구부의 스카우트 제의를 받았다. 가면 좋겠다고 생각했지만, 그때는 작은형도 아직 야구부에 있을 때였다. 형제가 같은 팀이면 다른 팀원들이 여러모로 힘들지 않을까 하는 생각이 들어, 결국 선생님이 추천해준 지바현립 시모후사농업고등학교에 진학했다고 한다.

시모후사 야구부의 감독은, 수학을 가르치던 이시바시였다. 그는 힘든 훈련을 하면 부원들이 그만둘 뿐이니, 느긋하게 즐기는 야구를 하자고 생각했다. 게다가 이 학교는 애당초 야구 명문이 아닌지라, 고시엔에 가야 한다는 부담도 없었다. 지극히 자연스러운 방침이다.

 구로다가 야구부에 들어갔을 때, 3학년에 에이스가 한 명 있었다. 좌투수 데라시마. 그는 다른 부원들과 달랐다. 매일 아침 수업이 시작되기 전, 혼자 묵묵히 그라운드를 달렸다. 그걸 본 다른 부원들이 함께 달렸던 건 아니다. 그러나 구로다는 이 에이스와 같이 달리고 싶었다. 1시간 일찍 집을 나서 이른 아침에 달리는 게 일상이 되었다.

 그해 여름, 구로다는 고시엔 예선인 현 대회에서 우익수로 나섰고, 16강까지 진출했다. 한 경기만 더 이기면 8강에 오를 수 있었던 셈이다.

 매년 가을이 되면 3학년은 야구부를 떠난다. 에이스가 떠나자 구로다가 마운드에 오르게 됐다. 그는 정교한 변화구를 던지며 섬세한 투구를 하는 타입의 투수는 아니었다. 오히려 빠른 공을 힘껏 던지는 타입이었다. 간혹 빠른 공이 잘 가면 코스에 따라 자연스레 휘어져 들어가기도 했다. 커브를 가르쳐주는 코치가 있는 것도 아니었다. 매일 던지다 보니 자연스레 투구

요령이 몸에 배었을 뿐, 그 이상도 그 이하도 아니었다고 할 수 있다.

고교야구가 가장 주목받는 건, 아마 여름일 것이다. 전국의 고교야구 선수들은 여름 고시엔을 목표로 삼는다. 지방신문들은 예선 대회 결과를 상세하게 전한다. 당시 〈지바일보〉에 따르면, 구로다를 상대로 패한 팀 선수들은 모두 이런 코멘트를 남겼다.

"저렇게 빠른 공을 던지는 투수는 처음 봤다."

기사는, 이런 내용이었다―〈시모후사농업고등학교의 투수 구로다는 빠른 공 하나로 승부를 결정지었다.〉

고등학교 2학년 여름 지바현 대회에서 구로다는 작은 영웅이었다.

1차전부터 3차전까지 순조롭게 승승장구했던 시모후사가 4차전에서 만난 상대는 후나바시고등학교였다. 후나바시를 이기면 8강에 진출할 수 있었다. 시모후사 역사상 고시엔 예선 8강 진출은 최초이자 쾌거였다.

선취점은 후나바시가 냈다. 6회 초 내야 안타를 시

작으로 번트, 야수 선택, 스퀴즈 등 끈질기게 공격해서 1점을 올렸다. 이후 구로다의 보크로 2점이 됐다. 반면 시모후사는 그렇게 세밀한 작전 야구를 할 수 있는 팀이 아니다. 7회 말 시모후사는 무사 1, 2루의 기회를 잡았다. 2점 뒤져 있는 상황을 생각하면 당연히 보내기번트가 나올 수 있었다. 그러나 시모후사의 감독 이시바시는 번트 사인을 내지 않았다. "평소에는 그런 작전을 내지 않으니까요. 하면 실패할 거예요."

타자는 번트를 경계한 투수의 실투를 놓치지 않았다. 안타를 쳐서 1점을 따라갔고, 그 이닝에 1점을 추가해 동점을 만들었다. 그리고 연장에 들어간 10회 말, 시원하게 1점을 추가해 8강에 진출했다. 시모후사는 그런 팀이었다.

8강은 시드교*인 이치노미야상업고등학교와 맞붙었다.

• 강팀들이 일찍 맞붙는 걸 방지하기 위해 현 대회에서 상위권에 속한 학교는 시드교로 분류되어 1차전을 부전승으로 통과하거나 상대적으로 약팀들과 만난다.

고고야구는 투수만 좋으면 이길 수 있다는 걸 증명하는 것 같은 경기였다.

구로다는 계속해서 연투를 했고, 그게 다섯 번째 경기였다. 그때까지 치른 네 경기에서 그는 3실점밖에 하지 않았다. 빠른 공이 어이없을 정도로 잘 먹혔기 때문이다. 이치노미야상업과의 경기에서도 그는 엄청난 컨디션이었다. 결과는 3대1로 시모후사의 승리. 완투를 한 구로다의 투구 수는 86개에 불과했다. 볼넷은 하나 있었지만, 스리 볼이 된 타자는 한 명도 없었다. 2회와 7회는 단 5구로 이닝을 끝냈다. 탈삼진 6개, 내야 땅볼 10개, 내야 플라이 4개, 외야 플라이 5개, 희생번트 2개 ─ 이날 구로다의 투구 내용이었다.

다음 날은 준결승이었다. 상대는 조시고등학교. 지바현에서는 강팀으로 분류되는 학교다. 훗날 세이부 라이온즈에 입단한 이시게 히로미치를 중심으로 뭉친 팀이었다.

여기서 이기면 결승에 진출한다. 구로다에게는 학창 시절의 절정이 될지도 몰랐다. 구로다의 투구는 순항하고 있었고, 팀도 잘 짜여 있었다. 고등학생들은 한번 물살을 타면 어디까지든 힘을 키워나갈 수 있다. 고시엔에 가는 게 불가능한 일이 아닐지도 몰랐다.

그런데—.

8강에서 이긴 날, 시모후사 야구부는 학교로 돌아오자마자 해산했다. 야구 명문 학교가 아니라 기숙사 같은 건 없기에 각자 집으로 돌아간다. 몇몇은 곧장 집으로 돌아가 다음 날 경기를 준비했다. 구로다는 달랐다. 술을 마셔버렸다. 친구 집에 들러 '딱 한 잔만'이라는 생각으로 마신 게 실수였다.

그는, 먼저 간다고 말할 수 없는 타입의 남자였다. 친구들이 계속 모여들고 있었다. 그가 내일 또 던진다고 하니 다들 놀랐다. 일찍 들어가서 자는 게 좋지 않냐고 하는 사람도 있었다. 그건 당연했다. 계속 연투를 하는 중이었다. 게다가 다음 경기는 준결승이다. 그게 얼마나 중요한 경기인지는 모두 알고 있었다.

"괜찮아. 조금 자면 술은 다 깰 거야." 구로다는 그렇게 말하며 계속 마셔버렸다. 그게 초래할 결과까지는 생각하지 못했다. 술을 마실수록 그의 좋은 기분은 부풀었지만, 세심한 마음은 자취를 감추게 됐다.

정신을 차려보니 날이 밝아지고 있었다.

그제야 점심 전에는 마운드에 서야 한다는 게 생각났다.

주위를 둘러봤다. 술에 취해 곯아떨어진 놈도 있고, 게슴츠레한 눈으로 계속 일어나보려는 놈도 있었다.

구로다는 다시 자려고 했다.

그는 1시간이 지난 뒤 눈을 떴다.

물을 많이 마시고 바로 학교에 갔다. 유니폼을 입고 벤치에 앉아 있는데, 발랄한 얼굴을 한 야구부 동료가, 그에게 얼굴빛이 좋지 않다고 했다. 컨디션이 좋다는 걸 보여주기 위해 그는 그라운드로 나가 가볍게 달렸다. 그도 제정신이 아니라는 건 알고 있었다. 하지만 땀을 흘리면 괜찮아질 거라고 생각했다.

이날 경기를 본 한 신문기자는 이렇게 썼다.

〈이른 아침부터 계속 내린 비로 날이 습했는데, 해까지 쨍쨍해 그라운드에 서 있기만 해도 어쩐지 축 처지는 느낌이었다. 게다가 선수들은 연이은 경기로 피로가 쌓이고 있었다. 이럴 때 선발투수는 초반 투구를 굉장히 신중하게 해야 한다. 몸을 풀고, 불펜에서 연습 투구를 할 때부터 세심히 주의를 기울이면서 굳어진 신경이 다시 살아날 수 있도록 해야 한다. 시모후사의 투수 구로다는 어제부터 이어진 연투로, 체력은 충분해도 왠지 모르게 피곤한 느낌이었다. 그의 투구가 파란만장할 걸 예상하게 했다. 구로다 투수의 초구는 완전히 빠지는 빠른 공이었다……〉

마운드에 올랐지만 눈을 뜰 수 없었다. 초구를 던졌을 때, 구로다는 공이 위로 간다고 느꼈다. 원래 던지려고 했던 곳보다 20센티미터 정도 더 높은 데 꽂혔기 때문이다. 새로 입은 언더셔츠는 벌써 끈적끈적했다. 습도가 높은 탓에 흐르는 땀이 기분 나빴다.

타석에 있던 타자는 조시의 주장 이시게 히로미치였다. 2구째, 구로다는 어떻게든 공을 낮게 던지기 위해 팔을 크게 휘둘러 던졌다. 빠른 공이었다. 공은 몸쪽 높은 곳으로 들어갔다. 이시게는 마치 알고 있었다는 듯 스윙을 했다. 공은 좌익수 쪽에 원 바운드로 떨어졌고, 좌익수는 중견수 방향으로 달리며 포구했다. 좌익수의 움직임이 나쁘진 않았다. 그런데 이시게가 1루 베이스를 찍고 그대로 2루까지 내달렸다. 당황한 좌익수가 황급히 2루에 공을 던졌을 때는, 이미 늦고 말았다.

그다음부턴 엉망이 됐다.

이시게 다음에 들어선 2번 타자는 0-2로 불리한 카운트가 됐지만, 3구를 좌익수 앞으로 날렸다.

3번 타자는 전진 수비를 하던 2루수 쪽으로 강한 타구를 보냈고, 결국 공은 우익수 앞으로 굴러갔다. 구로다는 이렇게 1점을 내줬다.

4번 타자가 타석에 섰을 때는 사인 미스로 포수가 구로다의 공을 잡지 못하며 뒤로 빠졌고, 그렇게 2점째를 내줬다. 4번 타자는 볼넷으로 출루.

번트를 댄 5번 타자의 공은 투수 앞으로 굴러갔고, 구로다는 얼른 공을 집어들었지만 엉덩방아를 찧고 말았다. 그사이 주자가 1루 베이스를 밟으며 무사 만루.

6번 타자는 2루 땅볼을 쳤다. 전진 수비를 하던 2루수는 당연히 홈으로 던졌어야 했다. 4-2-3 더블 플레이가 되는 상황이었다. 그런데 공을 잡아든 2루수가 냅다 1루로 던져버렸다. 당황한 1루수는 공을 잡지 못하고 뒤로 빠뜨렸다. 그사이 주자 두 명이 홈으로 들어왔다.

7번 타자의 타구 역시 2루수에게 갔다. 이번에는 천천히 1루로 던졌지만, 또 한 명의 주자가 홈으로 들어왔다. 벌써 5점째였다.

1회가 끝나고 마운드를 내려왔을 때, 구로다는 식은땀을 엄청나게 흘리고 있었다. 그 땀 때문에 겨우 알코올이 빠졌을지도 모른다. 1루수가 평소보다 왼발 스텝이 작다고 말해줬을 때, 구로다는 감을 잡았다. 의식적으로 왼발 스텝을 앞으로 가져가면서 던지자, 제구력이 원래 상태로 돌아왔다.

그러나 5점 차는 팀에 상당한 부담이었다.

시모후사는 이길 수 없었다.

……마시지 말걸. 나중에야 생각했어요. 그런데 어쩔 수 없잖아요. 이미 마셔버렸는걸요. 걸렸으면 어떻게 됐을까요. 고등학생이 술을 마시고 고교야구 마운드에 오른 거잖아요. "선생님, 구로다는 술 마셔서 아무래도 안 될 것 같아요." 누군가 이런 말을 했을 수도 있겠죠.

근데 아마 그런 일은 없었을 거예요. 저희는 우승 후보도 뭣도 아니었으니까요. 그거 일러바치는 게 무슨 의미겠어요.

그런데 왜 그렇게 마셔버린 걸까요.

8강까지는 진짜 최고의 피칭을 했다고 생각하거든요. 주위에서 칭찬도 받았고, 저도 100점 이상의 피칭이라고 생각했어요. 시모후사에서 처음으로 준결승까지 진출했고요. 그렇다고 그걸로 만족했던 건 아니에요. 나는 내 할 일을 다했어, 이런 기분으로 마신 건 아니었어요.

주변에서 더 난리였잖아요. 그래서 부끄러웠던 것 같아요. "진짜 대단해" 같은 말을 들으면, 가볍게 받아들이거나 대수롭지 않게 여길 수가 없었어요. 예전부터 칭찬을 밥 먹듯이 들었다면, 그런 말을 들어도 당황하거나 부끄러워하지 않고 '뭐, 그렇지' 하고 그냥 넘길 수 있었을 텐데 말이죠.

술이라도 마셔야 좀 진정이 될 것 같은, 그런 기분이었던 것 같아요. 애들한테 아니야, 나 같은 건 별거 아니야, 라는 말을 하고 싶었어요. 저만 특별한 사람이 되는 게 아니라, 그냥 애들이랑 같이 놀고 싶었달까요. 제가 아무 말도 하지 않고 그저 초연하게 버틸 수 있는 사람이었다면, 조금은 달랐을 것 같아요.

프로에 들어오고 나서 그걸 점점 더 많이 느꼈죠.

프로의 세계에서는 선수 하나하나가 개인사업자잖아요. 구단에 들어간다고 뭐가 보장되는 건 아니거든요. 성적이 나쁘면 연봉이 깎이고, 나중에는 그대로 방출될 수도 있어요.

그 정도는 알고 있었어요. 들어갔을 때부터, 알고

있었어요.

2군은 경기가 없을 때는 아침 10시부터 훈련을 시작해요. 우선 달리기를 1시간 정도 하고 야수는 타격 훈련을 하죠. 이게 2시간 정도 됩니다. 투수는 피칭을 하고 수비 훈련을 한 다음, 마지막으로 다시 달리기를 해요. 이걸로 훈련이 끝나죠.

숙소 통금 시간은 밤 10시예요. 이때 점호가 있어서 일단 하루가 끝나게 됩니다. 술을 마시러 갔거나 놀러 간 애들은 그 시간까지 돌아와야 해요. 그런데 꼭 그렇지도 않아요. 점호가 끝나고 나서 다시 몰래 빠져나가면 되니까요. 감시하는 사람이 있긴 한데, 엄격한 사람도 있고 아닌 사람도 있으니까 사실 나가려면 뭐 얼마든지 나갈 수 있죠.

숙소 앞으로 택시를 부를 수는 없는데, 조금 떨어진 곳에서는 탈 수 있어요. 다들 그렇게 했죠.

그래서인지 다들 되게 편해 보이더라고요. "연습? 그냥 적당히 하면 되지." 앞뒤 안 가리고 훈련에만 매진한 애들은 오히려 적었던 것 같아요.

저랑 함께 들어갔던 애들도, 익숙해지면서 합숙 생활의 리듬을 익혔을 거예요. 그렇게 조급해하는 것 같지는 않았거든요.

저도 그랬어요. 훈련하다 보면 그냥 하루가 가니까요. 2군은 이렇구나, 그런 생각을 했거든요.

그런데 어느 날, 우연히 알게 된 거예요.

숙소 1층에는 식당이랑 목욕탕이 있고 그 위에 방이 있는데, 다다미가 아니에요. 카펫 같은 게 깔려 있죠. 그걸 뒤집어보면 타일이 깔려 있어요. 모든 방이 다 그래요. 처음엔 이게 뭐지, 싶었죠.

숙소 1년 차 때는, 선배들한테 자주 혼나요. 훈련 끝나고 공 줍는 건 1년 차 일인데, 하나라도 떨어져 있으면 전원 소집이 걸려요. 대체 무슨 생각이냐는 말을 들으면서 연대 책임을 지죠. 만약에 선배랑 복도에서 지나쳤는데, 실수로 인사하는 걸 까먹어도 혼나요. 왜 어딜 가도 잔소리하는 사람들 있잖아요. 딱 그거예요. 사소한 일로 잔소리를 안 하는 사람도 있지만, 1군이랑 2군을 왔다 갔다 하는 베테랑이 되면 오히려 그런 말을 하려고 하죠. 너넨 프로의 세계가 얼마나 잔인한지 모른다니까—이런 말을 하기도 해요. 그 잔인함에 질 것 같은 사람들이 그런 말을 하고 싶어 하죠. 1년 차 중 한 명이라도 인사를 안 하면 다 불려가요. 매일 밤 10시 점호 뒤에 불러놓고 말해요. 전부 다 무릎 꿇고 있어! 선배들 방에서 그러고 있으면 진짜 아파요.

모든 방의 바닥이 타일로 돼 있다는 걸 알게 된 건, 계속 무릎을 꿇고 있다가 다리가 너무 아파서 카펫을 들춰봤을 때였어요.

왜 그런 구조였을까요. 방에 가서도 연습하려는 거예요. 다다미 위에서 연습하면 미끄러지잖아요. 방은 쉬는 데가 아니라 각자 몰래 연습하는 곳이었던 거예요. 그런 건 아무도 말 안 해요. 말로는 연습은 그냥 적당히 하면 된다고 하지만, 사실은 방에서 몰래 연습하는 거, 그런 건 절대 말 안 하는 거예요.

같은 팀이어도 다 라이벌이에요. 라이벌은 앞지르거나 걷어차야 하는 거죠. 그걸 깨달았을 때, 솔직히 큰일 났네, 진짜 잔인한 곳이구나, 라고 생각했어요.

방에서도 연습을 하는 건지, 어떻게 해야 하는 건지 말해준 사람은 한 명도 없었으니까요.

최소한 아령은 다 가지고 있는데요. 밤마다 묵묵히 아령으로 운동을 하는 거예요. 사우나에 가거나 뭐 어디든 아무도 없을 때 거기서 복근 운동을 하는 거죠. 근데 그럴 때 들어가면 순간적으로 어색한 공기가 흐르기도 해요. 보면 안 되는 걸 본 것 같은 느낌이죠.

"아, 요즘 배가 좀 나와서."

그런 말을 해야 하는 세계인 거죠.

숙소 밖에서도 연습을 할 수는 있어요. 우천훈련장도 있고 그라운드 옆에는 축구장도 있거든요. 거기 가서 몰래 타격 훈련을 해도 되고 섀도 피칭을 해도 돼요. 근데 아무도 그렇게 안 해요. 그건 2군 코치나 감독한테 어필할 때 해요. 보여주기 위한 거죠.

어쨌든 이런 걸 알고 나선 저도 시작했어요.

루틴을 정했죠. 복근 운동은 50회씩 6세트를 하고, 섀도 피칭을 몇 번 할지 등을 정한 다음에 몰래 연습을 시작했어요.

섀도 피칭은 던지는 손에 수건을 잡고 하는 거예요. 아무것도 없이 하면 어깨가 으스러지거든요. 수건을 잡고, 휘둘러서, 던져요. 밤에 창문을 보고 하면 제 모습이 창으로 보여요. 팍, 하는 소리가 나면서 수건이 허공을 갈라요. 숨이 점점 거칠어져요. 저는 창에 비치는 제 모습을 보면서 계속해요. 나는 언제쯤 고라쿠엔 마운드에 오를 수 있을까 생각하면서.

심야에 하는 비밀 훈련이라니, 꼭 호시 휴마 같잖아요. 〈거인의 별〉 주인공이요. 근데 수건을 잡고 말없이 훈련하고 있으면 가끔, 바보가 된 것 같아요. 멋있지도 않고요.

이렇게 훈련하다 보면 언젠가…… 이런 건 상상이 안 갔어요. 예를 들어, 1군 마운드에 오르는 투수가 됐을 때 누군가 어떻게 훈련했냐고 물어요.

"한 손끝에 수건을 감고 알루미늄 창을 향해 섀도 피칭을 했어요."

이렇게 말하면 누가 감동하겠어요. 소년 팬들도 감동하지 않을 거예요.

달빛이 내리쬐는 그라운드에서 혼자 포수 뒤 그물을 향해……라고 하는 편이 더 낫지 않겠어요?

어쨌든 섀도 피칭을 하다 보면 허탈할 때가 있었어요.

우천훈련장에서 그물을 향해 던질 수도 있지만, 그건 밝을 때 얘기예요. 밤에는 깜깜해서 어떻게 할 수도 없고, 분명 웃음거리가 돼요. 다들 방에서 조용히 몰래 연습하니까요.

결국 이 세계에서는 먼저 포기한 사람이 지는 거겠죠…….

- 5 -

구로다는 요미우리 자이언츠 2군에서 3년을 보냈다.

1년 차, 2년 차는 아무 일도 없이 지나갔다. 아침에 일어나면 그라운드로 나갔다. 공을 잡고 던졌다. 밥을 먹고 다시 그라운드로 나갔다. 그리고 다시 던졌다. 다마가와 그라운드의 흙냄새가 몸에 스민 것 말고 달라진 건 없었다.

어느 여름날 오후, 그는 죽은 듯이 잠들었다. 땀이 흥건한 게 느껴져 눈을 떴다. 벽에 붙여진 야마구치 모모에* 사진은 희미하게 부는 바람에 나부끼고 있었다. 어디선가 노래가 들려왔다.

 불과 몇 년 전 여름에는 꿈과 희망이 분명 자신의 것이라고 생각했다. 그러나 여름이라는 계절을 지날 때마다 선명했던 꿈과 희망이 더위에 다 녹아버리는 것 같았다. 구로다는 꿈이 녹아내릴 때도 땀이 흐른다는 걸 알게 됐다.

 이스턴 리그**에서의 등판은 단 세 경기뿐이었다. 모두 프로에 입단한 지 3년 차가 됐을 때부터다. 처음 등판했던 야쿠르트 스왈로즈와의 경기에서는 2이닝을 무실점으로 막았다. 그다음은 닛폰햄과의 경기에서 구원투수로 등판했다. 이때도 2이닝을 던졌고 실점은 하지 않았다. 세 번째는 5이닝을 던졌다. 상대는

- 일본의 가수이자 배우로, 1970년대 일본을 대표하는 스타였다.
- · 일본 프로야구의 2군 리그.

같은 닛폰햄이었다.

다마가와에서 하는 홈 경기였다. 여름날 오후, 그는 원래 구원투수로 올라갈 예정이었다. 그러나 선발투수가 생각보다 빨리 무너졌다. 구로다는 5회부터 등판했다.

그때 그는 고등학교 3학년 여름의 고시엔 예선을 떠올렸다.

시모후사는 2차전에서 야쿠엔다이고등학교와 맞붙게 됐다. 그다지 강한 팀은 아니었다. 1회, 구로다는 선두 타자를 내보냈지만 주자가 생기자 오히려 기분 좋은 긴장감을 느꼈다. 다음 타자에게는 3구 연속 빠른 공으로 스트라이크를 꽂았다. 3구 삼진이었다. 다음 두 타자도 모두 삼진으로 물러났다. 구로다는 완전히 기세를 타버렸다. 4회까지 던지는 동안 피안타가 하나 있었지만 아웃카운트 12개 중 8개가 삼진이었다. 야쿠엔다이 응원단은 1루 관중석에서 전력을 다해 응원했다. 구로다는 그 응원가를 흥얼거리며 신나게 삼진을 잡았다.

그가 4회까지만 던진 건 이미 9대0으로 점수 차가 꽤 많이 벌어졌기 때문이었다. 시모후사는 14대0으로 6회 콜드게임 승을 거뒀다. ……

그 장면에서 모든 게 끝났어야 할지도 모른다. 고등학교를 졸업한 이후 그가 보낸 여름에는 고통스러운 기억만 가득했다. 이제 그에게 여름은 더 이상 선명하게 빛나는 계절이 아니었다. 희끄무레하게 말라버린 그라운드만 보일 뿐이었다.

여름에 다마가와를 찾는 관중은 적다. 응원단도 없다. 각 팀 벤치에서 종종 들려오는 야유뿐이다.

구로다는 갑자기 울화가 치밀어 견딜 수 없었다. 마운드에 서니 모두가 말라 죽어가는 것 같았다. 더위에 의욕을 잃은 녀석이 보였다. 여기서 벗어날 수 없는 자신에게 진절머리가 난 녀석도 보였다. 훈련이 끝나고 마시는 맥주와 핀업걸을 보며 하는 자위로 이 지긋지긋한 여름을 이겨내려는 녀석도 있을 터였다.

뭔가 알 수 없는 뜨거운 것이 구로다 몸속에서 왈카닥 솟구쳐 올라와도 이상하지 않았다. 대상을 알 수 없는 분노였다.

넛폰햄이 안타를 치긴 했지만, 이날 구로다는 5이닝을 무실점으로 막아냈다.

그러나 등판 기회는 거의 없었다. 당시 2군에 투수가 많은 탓이기도 했다. 요코야마, 오가와, 니시모토, 사다오카, 나카야마, 다무라 등 입단 동기들 외에도 1군 등판을 위해 조정 명령을 받고 내려온 투수도 여럿 있었다. 로테이션은 그들 몫이었다.

그뿐만이 아니었다.

구로다는 자신을 어필하는 걸 민망해했다.

2군에서 1군으로 가려면 실력 말고도 몇 가지 요소가 더 있어야 한다.

예를 들어, 2군 투수는 함께 배터리를 짜는 포수와도 좋은 관계를 유지하는 게 좋다.

피칭 연습을 한다고 치자. 포수 뒤에는 코치가 서 있다. 포수도 그 사실을 알고 있다. 투수가 공을 던진다. 그때, 포수의 포구 기술에 따라 미트에 꽂히는 소리가 좋을 때도 있고, 둔탁하게 들릴 때도 있다.

구로다는, "그렇다고"라며 입을 뗐다. "저는 평소에 포수한테 잘해줄 수가 없더라고요. 야수들이 저한테 너무 기회가 없는 거 아니냐, 좀 더 어필해봐라, 같은 얘기를 할 정도였지만 그런 꼴사나운 짓을 어떻게 하나, 항상 그런 생각이 들었어요."

이런 인간은 누구보다 빨리 도태될 확률이 높다. 대신 형용하기 어려울 정도로 다정하고, 그만큼 여리며, 자존심은 쉽게 무너진다.

승자라고 불리기 위해 훌륭하게 그리고 맹목적으로 계단을 오르는 사람이 있다. 그 뒤에는 낙오되는 사람이 있다. 힘과 실력의 차이가 명백하다면 뒤처진다. 그러나 힘이 아니라 삶에 대한 태도의 차이 때문에 뒤에 남겨지는 사람도 있다.

구로다는 당연히 패자였다. 자이언츠 2군에 들어간 지 3년이 지났다. 그의 연봉은 216만 엔이 돼 있었다. 월급으로는 18만 엔이다.

프로 세계에서 도태됐을 때, '등번호 94'가 그를 기다리고 있었다. 배팅볼 투수였다. 물론 그는 선수로는 등록되지 않았다.

2군 숙소에서 짐을 빼기 전날, 고등학생 때 담임선생님에게서 전화가 왔다. 그는 이렇게 말했다.

"졌다고 생각하면 안 된다. 인생은 또다시 승부를 볼 수 있게 돼 있어. 좀 괜찮아지면 한번 놀러 오렴."

구로다는 네, 네, 하고 고개를 끄덕이면서 전화를 끊었다. 방에 돌아오니 눈물이 흘렀다. 야구를 하며 눈물을 흘린 건 처음 있는 일이었다.

그는 공을 들고 그라운드로 나갔다. 마운드에 올라 홈플레이트를 향해 공을 던졌다. 공은 홈플레이트를 통과해 그대로 포수 뒤 그물에 맞고 뚝 떨어졌다.

- 6 -

······지금도 그렇지만, 이상하게 분하진 않아요.

배팅볼 투수 얘기가 나왔을 때 친구가 그랬어요. "너 그렇게까지 하면서 자이언츠에 남고 싶어?" 다른 친구는 그랬어요. "그것까진 하지 마. 꼭 야구에 미련이 뚝뚝 떨어지는 것 같잖아."

 정말 아니에요. 저는 그렇게 거창하게 생각할 건 아니지 않나 싶었어요. 그냥 아직 내 어깨가 필요한 곳이 있다면, 거기서 같이해도 되지 않을까, 그 정도로 생각했어요.

 어떤 녀석은 "대체 너 언제부터 그렇게 둥글둥글한 인간이 된 거냐"고 하더라고요.

 그냥 살다 보면 그렇게 된다고 했는데, 왜 그랬겠어요. 좋은 게 좋은 거지 그렇게 생각 안 하면…… 너무 힘들어요.

 프로는 확실한 승부의 세계잖아요. 승자와 패자가 나올 수밖에 없어요. 저는 지는 쪽 사람이지만, 지고 또 지면서 산다고 해도 어쩔 수 없잖아요. 지는 것만이 제 인생의 전부는 아니니까요…….

 아마 저는 승부의 세계에 적합한 인간이 아니었던 것 같아요. 2군에도 후원을 해주는 사람들이 있어요. 그런 사람들이 술을 사주기도 하고 그래요. 그럼 다들 즐겁게 마시죠. 근데 꼭 그중 몇 명은 중간부터 안절

부절못해요. 지금 안 가면 내일 연습에 영향이 있다거나 몰래 연습을 할 수 없다든가…… 그런 이유로 얼른 가려고 하죠.

저는 그렇게 못 해요. 우리한테 술을 사주고 있는데, 또 재밌으니까 먼저 일어나면 실례라는 생각이 드는 거예요. 같이 마시는 사람한테 잘해주고 싶은 거죠.

그게 패인이라면 패인이겠지만, 그런 인간이 있어도 괜찮지 않을까요. 힘들고 각박한 세계지만, 이런 사람들도 무심코 섞일 수 있는 거잖아요…….

- 7 -

마지막으로 덧붙이자면, 요미우리 자이언츠에 입단한 이후 구로다는 끝내 나가시마 감독과 이야기를 나눌 기회가 없었다. '90번'은 드라마틱하게 자이언츠를 떠났고, 구로다는 전혀 드라마틱하지 않게 여전히 자이언츠 유니폼을 입고 있다. 현재 연봉은 348만 엔. 월급으로는 29만 엔이다.

더 시티 북서

영국 록밴드 '스카이'가 연주하는 〈토카타〉가 대기실까지 들려왔다. 원곡은 요한 제바스티안 바흐가 작곡한 〈토카타와 푸가〉다. 인트로는 포르티시모fortissimo로 시작한다.

링사이드에 진을 친 이들은 어떤 표정을 짓고 있을까. 메인이벤트가 시작되려 하고 있었다. 바로 거기에 스피커로 증폭된 클래식이 큰 소리로 흐른다.

대기실. 〈토카타〉의 인트로가 들리는 그곳에서 트레이너가 복서를 재촉했다.

"가자."

"잠깐만. 아직 아니야."

복서는 그렇게 말했다. 요즘 체육관 대기실은 밝은 형광등을 쓴다. 때로는 가수도 이 대기실을 쓸지도 모를 일이다. 화장대 같은 것이 있고, 벽에는 거울도 붙어 있다. 복서는 거울로 향했다.

"아, 가자니까."

어깨에 수건을 두른 트레이너가 또다시 말했다.

"아, 좀만 더 있으면 돼. 곧 멜로디가 잔잔해질 거

야. 그때 나가자."

복서는 몇 초 동안 들리는 소리에 귀를 기울였다. 그러곤 다시 한번 거울을 보고 머리를 다듬는다. 글리즈 왁스로 단단하게 고정한 리젠트 스타일*이다. 머리 양옆을 한 번씩 쓰다듬은 그는 "이제 가, 얼른 끝내자"라고 말하며 일어섰다.

트레이너는 복서가 왜 대기실에서 시간을 끌었는지, 링에 올라가서야 알았다. 대기실을 나와 복도를 걷는다. 경기장으로 들어선다. 꽃길을 선다. 링사이드에 도착한 복서는 한 번에 링에 올라 로프 사이를 통과해 하얀 매트 위에 선다. 복서가 붕대를 감은 두 팔을 번쩍 들어 올렸다. 와아, 하는 환호성, 박수, 휘파람 소리. 큰 경기장은 아니지만 천 명 정도는 있을 것이다. 양팔을 든 복서가 환하게 웃는다.

바로 그 순간, 경기장에 흐르는 〈토카타〉는 클라이

• 엘비스 프레슬리, 〈슬램덩크〉의 강백호 등의 헤어스타일로 앞머리를 위로 높이 빗어 넘기고, 옆머리는 뒤로 빗어 붙인다.

맥스를 향해가고 있었다.

트레이너는 웃음을 터뜨렸다. 이 녀석 타이밍을 제대로 알고 있었구나, 라고 생각했기 때문이다. 코너로 온 복서는 히죽대며 웃어 보였다.

1980년 12월 17일 저녁 8시. 가나가와현립 요코하마시 체육관. 일본 복싱 플라이급 랭커들의 경기가 예정돼 있다. 지금 링에 올라온 복서는 가스가이 겐이라고 한다. 이때는 일본 플라이급 랭킹 8위였다.

청코너에는 스카 신지가 있다. 같은 플라이급 랭킹 5위의 복서다. 데뷔 첫해 플라이급 신인왕으로 뽑힌 적도 있다. 비교적 수수한 대진의 경기지만, 나름대로 관객이 차 있던 건, 홍코너에 있는 가스가이 겐의 고향이 요코하마여서이기도 했다.

몇 분 후, 공이 울릴 것이다.

가스가이 겐은, 자신이 링에 오르는 타이밍과 흐르고 있는 음악의 클라이맥스가 딱 맞아떨어져 기분이 좋았다.

하지만 그에게는 당연한 일이었다. 관중들이 몰려들기 전, 그는 대기실에서 링사이드까지 걸어가봤다. 30초 정도 만에 링사이드에 도착했다. 시간을 확인한 뒤 깔리는 음악을 떠올리며, 언제 대기실을 나가야 가장 임팩트 있는 등장을 할 수 있을지 계산한 것이다.

그뿐만이 아니다. 그는 링 위에서의 포즈도 연구했다. "왜 링에 올라가서 90도로 인사하는 복서들 있잖아. 나는 그게 진짜 싫더라고. 좀 더 당당하고 멋지게 등장해야지."—이게 가스가이 겐의 기본 태도다. 그래서 그는 양팔을 높이 들어 관중들의 환호에 화답하려 했다. 그 포즈도 며칠 전부터 집에서 거울을 보고 연습했다. 양팔을 번쩍 들어 올리는 건 생각보다 뭔가 부끄러운 자세였다. 당당하게 가슴을 펴고 링에 등장하려면 리허설이 필요하다고 생각했기 때문에, 전날 밤 잠자리에 들기 전 한번 더 연습했다. 링 위에 서 있는 지금, 연습한 대로 포즈를 취했다고 생각한다.

"헤어스타일도 완벽에 가까워야 한다"고, 그는 나르시시즘적으로 생각한다.

오전 계체가 끝난 후, 그는 다시 집에 왔다. 집은 혼모쿠에 있다. 그가 태어난 1955년에는 그 주변이 미군 기지 때문에 완벽한 이국처럼 보였다. 지금은 혼모쿠 미군 기지가 축소되어 미군 기지 특유의 울타리는 다 썩어가고 있지만, 당시에는 울타리 너머 울긋불긋한 잔디밭과 함께 새하얀 페인트를 칠한 집이 늘어서 있었다. 혼모쿠 거리에는 시대의 공기를 생생하게 담은 음악을 하기 위한 뮤지션들이 모이는 '골든컵' 같은 라이브하우스가 있었다. 세상이 그룹사운드에 열광하던 시절, 여기서는 R&B가 흘렀다. 조금만 더 북쪽으로 가면 이세자키초町가 있고, 동쪽으로 가면 항구가 있다. 그는 혼모쿠 거리가 싫지 않았다.

혼모쿠로 돌아와 가볍게 밥을 먹고, 침대에 누웠다. 3시간 정도 낮잠을 자고 일어나 그가 가장 먼저 한 일은 정성껏 머리를 만진 것이다.

거울 앞에 앉아, 글리즈 왁스를 바르고, 드라이어로 고정한다. 그는 거의 1시간 동안 머리를 만졌다. 어느 각도에서 봐도 완벽하다는 생각이 들 때까지 계속 빗

질을 했다. 스피커에서는 앨런 파슨스의 음악이 흐르고 있었다. 그게 끝나자 턴테이블에 매코이 타이너를 올려놨다. 그는 늘 음악이 있어야 한다.

이날, 스카이의 〈토카타〉를 선택한 것도 당연히 그 자신이었다. 스포트라이트가 비춰 하얗게 반짝이는 링에 등장할 때, 나름의 배경음악이 필요하다고 생각해서였다. 그는 그 드라마틱한 곡조가 좋았다. 가스가이 겐은 "메인이벤트니까"라며 덧붙였다. "복서는 무조건 멋있게 등장해야지."

이전 경기에서는 등장곡으로 밥 제임스의 〈One Long Night〉*를 썼다. 록이 아니라 편안하고 어른스러운 사운드의 퓨전 재즈다. 1980년 3월 지가사키에서 열린 경기였다. 그 경기가 가스가이 겐에게는 최초의 메인이벤트 매치였다. 이때 포스터를 직접 디자인하기까지 했다.

- 원서에는 이렇게 나와 있지만, 밥 제임스의 곡 중 〈One Loving Night〉의 오기로 보인다.

그는 원색과 빨강, 노랑 그리고 검정색 활자만 죽 나열된 복싱 포스터를 참을 수 없었다.

직접 디자인한 포스터에는 당연하다는 듯 그의 상반신 사진이 실렸다. 왼쪽에서 빛을 비췄고 오른쪽 얼굴 절반 정도에 그림자가 드리웠다. 포스터 왼쪽에는 적당한 크기의 카피가 쓰여 있었다. "이 녀석에게 어울리는 건 피 냄새가 나는 향수일지도 모른다." 포스터 컬러는 블랙 앤드 화이트. 경기 관련 정보는 왼쪽 하단에 작게 들어갔다.

즉, 가스가이 겐은 자신이 최대한 멋지게 보이게끔 노력한다.

그는 말한다. "어차피 보여줘야 한다면, 어중간한 것보다는 완벽한 편이 좋지." 이게 바로 가스가이 겐이 프로 복서로서 갖는 마음가짐이다.

관객들이 알아보든 말든 그는 과거에 조 메델이 입었던 트렁크와 같은 원단, 같은 색의 트렁크를 입는다. 조 메델은 밴텀급 세계 챔피언이었다. 1960년대 초중반 일본 복싱계는 이 남자를 쓰러뜨리기 위해 싸웠다고 해도 과언이 아니다. 야오이타 사다오, 세키 미즈노리, 파이팅 하라다 같은 복서가 메델에게 굴복했다. 메델은 로프의 마술사로 불리기도 했다. 상대가 공격적으로 메델을 로프로 몰아넣으면, 어느 순간 그 상대는 링 바닥으로 쓰러지고 말았다. 날카로운 카운터 펀치를 잘 구사하는 기술자여서 가능한 일이었다.

가스가이 겐은 성질 사나운 소처럼 돌진하는 복서보다 메델 같은 기술자를 더 좋아했다. 힘으로만 누르는 건 좋아하지 않았다. 인산에게는 두뇌라는 게 있지 않나, 라고 생각해서다.

지금 가스가이 겐은 빨간 벨벳 트렁크를 입고 있다. 바지 양옆에 들어간 스트레치는 검은색이다. 트렁크 왼쪽 허벅지 부근에 'KEN'이라는 글자가 수놓아져 있다. 글자는 흰색. 특별 제작한 트렁크다.

걸치고 있는 가운은 흰색 테리terry 가운으로, 옷깃부터 밑자락 부분은 빨간색 스트레치가 들어갔다. 등에는 'KEN KASUGAI'라고 자수가 박혀 있는데, 당연히 빨간색이다. 그리고 목에는 새빨간 수건을 둘렀다.

이렇게 여기저기 빨간색이 들어간 건 그가 홍코너에서 등장하는 것과도 관련이 있다. 만약 청코너에서 등장하는 거였다면, 빨간색은 파란색이 됐을 것이다.

신발은 검정색으로, 흰색 선이 들어가 있다. 이 모든 걸 전부 직접 골랐다.

홍코너에 앉아 6온스 글러브˙를 끼고 있으니 꽃다발이 연이어 도착했다. 경기장 어디에 있었는지, 모두 열다섯 개의 꽃다발이 차례차례 링사이드에 놓였다. 보낸 사람은 모두 여자였다. 그는 꽃다발을 보낸 사람들 중 세 명만 알았다. 나머지는 아마 모르는 사람들이 보낸 거라고 생각했다.

꽃다발들을 받으며 청코너를 보니 상대가 시무룩한 얼굴로 이쪽을 보고 있었다.

링 아나운서가 등장했다. 자신이 소개되자, 가스가이 겐은 가운을 벗어 던지고 링에 섰다. 그러곤 글러

• 솜 무게 약 170그램 정도의 가벼운 글러브. 현재는 선수들의 안전을 위해 사용하지 않는다.

브 낀 양손을 번쩍 들었다.

심판이 두 사람을 링 중앙으로 불러들인다. 그가 할 말은 정해져 있다. 그는 "WBC* 룰을 알고 있겠죠"라고 말한다. "반칙, 클린치**는 하지 않는 게 좋습니다."

복서는 귀로 심판의 말을 들으면서도 눈은 상대를 보고 있다.

가스가이 겐은 자신보다 키가 큰 상대 선수를 바라봤다. 이야기는 계속 듣고 있다. 그는 머릿속으로 자신이 관찰해서 얻은 데이터와 귀로 듣는 정보를 크로스체크한다.

"나는 파이터 타입이 아냐. 오히려 기술을 써서 이기려는 복서지. 펀치력은 별로 없는 것 같아. 이런 상대는 잘 알아. 나도 기술자 타입이니까. 그런 상대를 만나면 어떻게 해야 하는지도 알지. 내가 당하기 싫은 걸 하면 돼. 연타에 약하고, 낮게 들어오는 펀치를 어

- World Boxing Council, 세계복싱평의회.
- ** 상대 선수의 공격으로 상황이 불리해질 때 상대가 공격하지 못하게끔 껴안아버리는 행위.

려워하는 사람이겠지. 몸을 낮추고, 파고들 듯 들어가면 돼. 이렇게 하면, 이길 수 있어…….”

그가 다시 홍코너로 돌아간다. 세컨드˙가 링 밖으로 나감과 동시에 공이 울렸다.

1라운드. 여느 때처럼 잽으로 시작된다. 1분 30초 정도가 됐을 무렵부터 힘의 차이가 드러났다. 가스가이 겐이 왼발을 디디며 왼쪽 손을 뻗었다. 훅이다. 그는 계속해서 몇 번이고 레프트 훅을 날렸다. 하지만, 이건 페인트feint다. 이제 라이트 훅이 나올 거라고 생각한 상대가 몸을 오른쪽으로 휘두르려는 순간, 가스가이는 그에게 레프트 훅을 날렸다. 그림 같은 펀치가 들어가자, 상대 선수인 스카는 무릎이 푹 꺾이며 그대로 무너져 내렸다.

"와아―"하는 함성이 울려 퍼지고, 청코너에서는 세컨드가 연신 아우성을 쳤다. 스카는, 세컨드를 힐끗

• 경기 중 선수를 도와주는 사람을 가리키는 말로, 상처를 치료하거나 경기에 대한 조언을 하기도 한다.

쳐다보며 두세 번 정도 고개를 세차게 저었다. 예상치 못한 다운down에 당황한 기색이 역력했다.

가스가이는 중립 코너에서 자세를 취하고 있다. 이 한 방으로 끝날 거라는 생각을 하지는 않았다. 아마 카운트 에이트eight쯤 일어날 거라고 생각했다. 그러나 동시에 이런 생각도 했다. 애는 진짜 놀랐을 거야. 어쩌면 나는 천재 복서인지도 몰라.

카운트가 시작됐다. "원! 투!……" 심판이 커다란 몸짓으로 수리친다.

가스가이 겐이 복싱을 시작한 건 열두 살 때였다. 링에 오른 오늘, 그러니까 12월 17일은 그의 생일이다. 그는 오늘로 꼭 스물다섯이 됐다.

복싱을 해보라고 한 건 부모님이었다. 어머니는 그의 몸이 약하기 때문에 그게 뭐든 운동을 시키고 싶어 했다. 아버지는 만약 한다면 무조건 복싱이라고 했다. 요코하마항에서 항만 노동자들을 관리하는 일을 하던 아버지는 복싱 팬이었다. 요코하마에 있는 가와이 체육관 주인과 아는 사이이기도 했다. 그래서 가와이 체육관에 다니게 됐다. 그의 두 형도 같은 체육관에 다녔다.

가스가이가 자신이 강하다는 걸 알게 된 건 아마 고등학생 때일 것이다.

그는 요코하마고등학교 복싱부에 들어갔다. 요코하마고등학교 야구부는 매년 고시엔을 노릴 정도로 강한 팀이다. 아이코 다케시가 에이스로서 팀을 이끌며 전국 우승을 차지한 게 1980년 여름이다. 그러나 요코하마고등학교가 복싱도 강하다는 걸 아는 사람은 적을지도 모른다.

가스가이는 몸집이 큰 편이 아니다. 키는 165센티미터, 스스로를 하드펀처라고 생각해본 적은 없다. 그래도 상대를 쓰러뜨릴 수 있다고 생각하게 된 건, 요코스카에 있는 방위대학교 복싱부가 요코하마고등학교에 연습을 하러 왔을 때였다. 가스가이는 고등학교 2학년이었다.

한바탕 땀을 흘린 뒤, 감독이 스파링을 하겠다고 했다. 비교적 체급이 비슷한 사람끼리 붙으니 마치 연습 경기를 하는 것 같았다.

가스가이는 밴텀급인 4학년 선수와 붙게 됐다.

그는 "그때의 펀치로 알았다"고 말한다. 그 펀치는 라이트 스트레이트였다.

서로 헤드기어를 썼다. 글러브는 연습용 16온스였다. 이렇게 하면 스파링을 한다고 해도, 다운이 되는 일은 좀처럼 없다. 무거운 글러브를 쓰면 펀치력이 약해지는 데다 헤드기어까지 쓰고 있었다. 그런데 가스가이와 맞붙은 그 4학년은 가스가이의 리이드 스트레이트 한 방에 무릎을 꿇으며 주저앉아버렸다.

상대가 다운되는 걸 보고 가장 놀란 건 가스가이 본인이었다. 그때까지 가스가이는 상대를 다운시켜본 적이 없었다. 마음먹고 힘껏 펀치를 날려도 상대가 쉽게 쓰러지진 않을 거라고 생각했다.

그런데 쓰러졌다.

"그때, 힘의 문제가 아니라는 걸 딱 알았지. 중요한 건 타이밍이구나. 그 장면을 생각하고 또 생각해봤어. 대체 평소 날리던 펀치와 뭐가 달랐을까. 슬로모션 영상을 보듯 계속 되짚어봤지. 그러고 보니 그때, 뭔가 번쩍하는 게 있었어. 지금 치면 좋겠다는 생각보다, 그냥 뭔가 빨려 들어가듯 펀치가 나왔던 거지. 마치 어떤 계시 같았어. 펀치를 날린다. 손맛이 느껴진다. 그리고 쓰러진다."

그날 이후, 가스가이는 지지 않았다. 고등학교 3년간 전적은 35승 8패 23KO로, 2학년 후반부터 3학년까지는 23연승을 했다. 그중 17승이 KO였다.

가스가이는 복싱은 힘이 아닌 기술이라고 믿게 됐다. 동시에 매일매일 땀을 흘리며 연습한다고 강해질 수 있는 건 아니라는 생각도 하게 됐다. 그의 생각은 이랬다. 다짜고짜 연습만 한다고 해도 안되는 놈은 안돼. 복싱은 재능이야.

그래서 그는 연습을 빼먹게 됐다. 특히 그는 달리기를 좋아하지 않았다.

"겐! 머리 싹 다 밀고 와!"

그렇게 말한 건 감독이었다.

"머리가 길어서 찰랑거리니까 괜히 연습 빼먹고 놀

러 가고 싶어지는 거야. 빡빡 깎고 와."

헤어스타일은 지금처럼 리젠트였다. 그는 연습을 빼먹고 가미오오카上大岡 근처에 있는 학교에서 게이힌 급행을 타고 요코하마역으로 갔다. 서쪽 출구 근처에서 놀기도 하고, 게이힌 도호쿠선을 타고 사쿠라기초町로 나와 이세자키초, 혹은 조금 더 떨어진 이시카와초町에서 내려 모토마치로 가기도 했다. 그러는 편이, 그에게는 더 재미있었다.

가스가이는 감독에게 말했다. "머리를 꼭 질라야 한다면, 복싱 그만둘래요."

"아무튼……"이라며 감독이 입을 뗐다. "잔말 말고 머리나 밀어!" 가스가이는 복싱을 그만둘 생각으로 연습에 가지 않았다.

만약 그때 감독 말을 들었다면 어떻게 됐을까, 라는 생각을 하기도 한다. 평범한 사람은 시간이 지나 과거를 돌이켜볼 때, 조금은 후회를 할 수도 있다. 그러나 그는 이렇게 말했다. "머리를 밀든 안 밀든 기본적으로 변하는 건 아무것도 없었어."

"파이브! 식스! 세븐!"

심판의 카운트가 계속된다.

스카가 일어나 다시 자세를 취한 건 카운트 에이트에서였다.

자신의 감정대로만 행동하는 복서라면, 다운됐다는 것에 화가 나 반격을 할 것이다. 스카는 그런 복서가 아니었다. 그는 가스가이를 경계하며 펀치를 날렸다. 가스가이 입장에서는, 이럴 때 화를 내며 덤비는 상대가 훨씬 더 좋다. 그런 상대는 움직임이 단순해지고 그만큼 카운터 펀치를 넣기가 쉬워서다.

가스가이는 아까와 같은 펀치는 더 이상 먹히지 않을 거라고 생각했다. 그래서 무리하게 파고들지 않았다.

이런 호흡은, 고등학생 때부터 익혔다.

상대가 약해 보일 때는, 경기 시작 전 상대에게 가말로 겁을 주기도 했다. "너는 링에서 쓰러지고 말 거다!" 어떤 사람은 링에 오르기 직전에 그런 말을 듣는 것만으로도 동요한다는 걸, 그는 알고 있었다. 그 자신도 링에 오를 때마다 늘 무서웠기 때문이다. 언뜻 봐도 강해 보이는 상대와 맞붙을 때면, 가스가이는 가급적 상대의 얼굴을 보지 않으려 했다.

리젠트 머리를 고수하던 가스가이를 다시 복싱부로 불러들인 건 감독이었다. 내일 간토대회가 있으니 나가라고 했다.

사실 가스가이는 며칠 동안, 친구 집에서 지내던 중이었다. 감독이 그의 친구 집을 겨우 찾아냈고, 다음 날 있을 시합에 나가라고 한 것이다.

"저 머리 안 밀어요."

가스가이가 그렇게 말하자 감독은 "빨리 손질이나 해라"라고만 했다.

시합은 도치기현 우쓰노미야에서 열렸다. 그는 바로 도치기현으로 갔고, 다음 날 거의 연습도 안 하고 링에 올랐다. 학교마다 다섯 명씩 출전하는 대항전이었다. 결과적으로 요코하마고등학교는 2대3으로 졌지만, 가스가이는 플라이급으로 출전해 3라운드를 치렀고, 판정승을 거뒀다. 그게 고등학교 2학년 때다.

3학년이 되자, 그는 자신의 페이스대로 복싱부에 나갔다. 헤어스타일도 바꾸지 않았고, 연습 방법도 그대로였다. 그건 감독의 불만이기도 했다.

감독은 자주 이렇게 말했다.

"고등학교 복싱은 펀치력이 아니라 많이 치는 게 중요한 거야. 다운시켜봤자 1점밖에 안 된다고. 많이 날리면서 많이 쳐야 해. 그러면 이길 수 있어."

시합용 글러브는 12온스라 무겁다. 아주 좋은 타이밍에 펀치가 들어가지 않으면 상대는 쓰러지지 않는다. 그래서 끊임없이 펀치를 날리며, 쉴 새 없이 상대를 공격하는 게 유리하다고 알려져 있다. 그런 경기를 하기 위해 훈련을 한다.

가스가이의 생각은 달랐다.

그는 오직 한 방을 위해 펀치력을 기르려 했다. "원래 복싱은 상대를 쓰러뜨리기 위해 하는 것"이라는 게 그 이유다.

팔 힘만으로는 펀치력을 키울 수 없다. 발로 땅을 차는 힘도 필요하다. 그는 계단을 네 칸씩 오르는 훈련을 반복했다. 차는 힘이 강해지면 그만큼 상체 움직임은 빨라지고 힘도 커진다.

한번은 이런 생각도 했다. 두 지점 사이의 최단 거리는 직선이니까, 직선으로 들어가는 펀치가 가장 빠르고 힘이 셀 거야.

샌드백을 밀고, 다시 돌아올 때 팔을 곧게 뻗은 상태로 붙든다. 샌드백을 치는 게 아니라 마치 지탱하듯이 펀치를 반복한다. 그걸 하고 또 했다. 그의 연습이란, 바로 이런 것이었다.

여름이 되면, 인터하이가 찾아온다. 복싱의 고등학교 선수권 대회다. 6월에 열린 현 대회에서도 우승을 했기에 가스가이는 이길 수 있을 거라 생각했다.

여전히 달리기 훈련은 빼먹는 날이 많았다.

감독은 말했다. "그러면 챔피언이 될 수 없어." 그러나 가스가이는 생각했다. 난 장난으로 하고 있는 게 아니야.

《내일의 죠》를 정신없이 읽을 때였다. 그의 마음에 드는 대사가 있었다. 그는 그 부분을 읽을 때, 이 대사는 절대 까먹지 않겠구나 싶었다.

야부키 조와 리키이시 도루의 경기가 끝나고, 야부키 앞에 동양 챔피언 김용비가 나타난다. 이미 페더급 몸무게가 돼 있던 야부키는 설사약을 먹고 사우나에 가 땀을 빼는 등 목숨을 건 감량을 한다. 그렇게 겨우 밴텀급 몸무게를 만들어 계체를 마친 야부키 조가 레스토랑에서 밥을 먹으려는데, 거기에 김용비가 온다. 김용비는 야부키 조 앞에 앉아 이렇게 말한다.

"있잖아, 나는 너의, '저는 배고픈 젊은이입니다, 하지만 배고픈 젊은이가 아니라면 헝그리 스포츠인 복싱의 영광을 쟁취할 수 없습니다'라는 그 비장함이랄까, 그게 너무 역겨워서 말이야. 괜한 오지랖인 것 같긴 한데 말해주고 싶어서."

가스가이는 헝그리 정신, 헝그리 정신 하면서 계속 연습하고, 힘들고 괴로운 과정을 견뎌야만 챔피언이 될 수 있다는 논리를 뒤집고 싶었다. 아무리 발버둥 쳐도 그는 배고픈 젊은이가 될 수 없었기 때문이다. 1955년 출생. 날 때부터 부족한 게 없었다. 먹을 게 없다는 건 생각도 못 했다. 진정한 의미에서 헝그리는 이미 사라졌다. 그럼에도 불구하고 헝그리 정신을 추구해야 한다면, 허구로 지어내는 수밖에 없었다. 그러나 허구는 현실이 아니지 않은가. 그렇다면 방법은 두 가지밖에 없다. 헝그리 정신을 동경하며 자신도 배고픈 젊은이라고 생각하거나, 마음을 고쳐먹고 나는 헝그리 정신을 추구할 수 없다고 받아들여야 했다. 가스가이는 후자를 택했다.

복싱에 대한 그의 태도는 여기서 결정됐다.

"땡!"

공이 울리며 1라운드가 끝났다. 리젠트 머리를 하고 새하얀 가운과 빨간색 트렁크 스타일로 록 음악에 맞춰 등장한 복서가 1라운드 KO를 할 것 같은 기운이 감돌자 장내가 들뜨고 있었다. 가스가이는 거의 맞지 않았다. 땀도 많이 흘리지 않았다. 그래서 머리도 망가지지 않았다. 그건 그에게 중요한 일이었다. 3라운드까지는 버틸 수 있겠지. 늘 그랬다. 시합 전 2시간 동안 드라이를 해서 6라운드까지 머리가 망가지지 않는다면, 그는 기꺼이 그렇게 했을 것이다.

2라운드 시작 공이 울렸다.

가스가이는 경쾌한 스텝으로 뛰쳐나갔다.

고등학교 3학년 인터하이에서는 멋지게 우승을 했다. 인터하이는 토너먼트로 진행되고 결승전까지는 다섯 경기가 있다. 그 다섯 경기 중 두 경기를 KO로 이겼다. 결승에서 가스가이에게 패한 상대는, 나중에 프로에 들어가 신인왕이 되었다. '바즈카 쇼지'라는 링 네임을 쓰는 복서였다.

가스가이가 출전한 건 라이트플라이급이었다. 그 아래에 있는 더 가벼운 체급은 모스키토급이고 불린다. 가스가이는 모스키토급에서 이기고 있는 선수에게 눈이 갔다. 딱히 인상적이진 않았다.

아저씨처럼 생겼네.

가스가이는 그렇게 생각했다. 머리칼이 약간 희끗희끗한 그는, 말없이 입을 꾹 다물고 뭔가에 골몰한 듯한 얼굴을 하고 있었다. 말을 주고받지는 않았지만 그의 이름을 보고 아마 오키나와 선수일 거라고 생각했다. 이름은 구시켄 요코*였다.

구시켄 요코와는 그해 가을에 다시 만났다. 뮌헨올림픽이 끝난 지 1년이 지났을 무렵이다. 스포츠계는 몬트리올올림픽을 목표로 준비하고 있었다. 인터하이에서 우승한 선수들은 올림픽 국가대표가 되었고, 도쿄에서 일주일 정도 합숙을 했다. 가스가이가 합숙소에 가니 구시켄도 와 있었다.

"안녕하세요."

"잘 부탁해."

그게 처음 나눈 대화였다. 합숙소에서 선수들끼리 조를 나눴는데, 가스가이는 한 조의 조장이 됐다. 구시켄 요코도 가스가이 조에 들어왔다. 구시켄 요코는 여전히 말이 없었지만, 먼저 말을 걸어온 건 그였다.

합숙소를 오가는 교통비를 준다고 해서, 각자 왕복

- '구시켄'은 오키나와 사람들에게서 많이 보이는 성씨 중 하나다. 구시켄 요코는 통산 전적 24전 23승(15KO) 1패인 일본의 전 프로 복서로, 일본 복싱계의 영웅으로 불린다.

요금을 제출하고 난 뒤였다. 가스가이는 요코하마-도쿄 구간이라 당시 운임으로는 500엔도 되지 않았지만, 구시켄은 오키나와에서 비행기를 타고 와서 교통비가 꽤 많이 나왔다.

구시켄이 가스가이에게 물었다.

"저, 혹시 얼마 받았어요?"

"난 요코하마에서 와서 500엔도 안 돼." 가스가이가 그렇게 말하자, 구시켄은 자신이 받은 봉투를 꺼내더니 "안됐네요. 제 거 좀 드릴까요?"라고 했다. "바보냐, 넌 비행기 타고 왔으니까 그렇지." 가스가이는 구시켄이 이상한 녀석이라고 생각했다.

한번은 그가 고민 상담을 한 적도 있었다.

"형, 지금 시간 좀 있어요?"

구시켄이 물었다.

"무슨 일인데?"

"몸이 좀 안 좋아서요. 나오질 않아요."

저녁을 먹고 한참이나 지났을 때였다.

"아무래도 변비 같아요……"

환경이 갑자기 바뀌니 긴장을 해서 안 나오는 것 같았다.

잠시 생각하던 가스가이는 가방에서 담배 한 개비와 라이터를 꺼내 구시켄에게 건넸다.

"화장실 가서 한번 피워봐. 이거 생각보다 효과가 있으니까."

"괜찮을까요?"

아직 고등학생들이었다. 올림픽 대비 합숙에서 담배 피우는 걸 들키면 큰일이다. "들키지는 마." 가스가이가 그렇게 말한 뒤 구시켄이 화장실로 갔다. 화장실에 갔다 온 그가 "고맙습니다"라고 말했다. 조금은 효과를 본 모양이었다.

그 뒤로 한동안 볼 수 없었던 그들이 다시 만난 건 1978년 가을이다. 올림픽 합숙을 했던 때로부터 5년이 지났다.

구시켄 요코는 이미 세계 챔피언이 돼 있었다. WBA 라이트플라이급 챔피언. 1976년 10월 후안 구스만에게서 타이틀을 빼앗은 구시켄 요코는 방어 횟수를 늘리며 안정감도 더해갔다. 1978년 가을, 구시켄 요코는 여섯 번째 방어를 눈앞에 두고 있었다. 상대는 한국의 정상일. 경기 날짜는 1978년 10월 16일. 장소는 도쿄 구라마에 국기관.

가스가이는 같은 날 같은 곳에서 경기를 하기로 돼 있었다. 메인이벤트 전에 펼쳐지는 경기. 게다가 그게 가스가이에게는 프로가 되고 펼치는 첫 경기, 즉 데뷔전이었다.

고등학교 졸업 후 긴키대학에 진학했을 때, 가스가이는 복싱을 한 번 그만뒀다. 나름의 이유가 있었지만, 어쨌든 그날 경기는, 가스가이에게는 3년 반 만에 서는 링이었다.

시합 일주일 전, 가스가이는 요요기에 있는 교에이 체육관에 갔다. 구시켄의 스파링 파트너를 해달라는 부탁을 받았기 때문이다. 가스가이가 복싱을 다시 시작한 지 얼마 안 됐을 때였다. 스파링 상대가 그때 만났던 구시켄인 건 알고 있었다.

오랜만에 마주한 구시켄이 말했다. "안녕하세요."

여전히 과묵했지만, 그의 복싱은 변해 있었다.

몸을 풀고 글러브를 낀 가스가이가 링에 올랐다. 가스가이는 생각했다. 링이 이렇게나 푹신했나. 그건 아마 그의 스텝이 진짜가 아니었기 때문일 것이다.

갑자기 구시켄의 펀치가 날아왔다. 그의 펀치는 가스가이의 얼굴을 그대로 강타했다. 이게 뭐지. 가스가이는 생각했다. 가스가이는 수년간의 공백을 잊고 있었다.

구시켄은 잇달아 펀치를 날렸다. 구시켄의 펀치는 가스가이의 얼굴을, 몸을, 그대로 강타했다.

"좋아!" 그때마다, 구시켄의 트레이너가 소리를 쳤다.

스파링을 보러 온 기자들 입가에는 싸늘한 웃음이 스쳤다.

가스가이는 "이 자식이"라고 하며 반격에 나섰다. 하지만 구시켄은 그의 펀치를 멋지게 피하며 날카로운 펀치를 날렸다.

"그렇게까지 맞았던 적은 없었어……."

그날, 가스가이는 처음으로 울었다.

복싱을 하면서 운 적은 한 번도 없었다. 우승의 기쁨에 겨워 눈물을 흘린 적도, 경기가 아쉬워서 운 적도 없었다.

가스가이는 울면서, 트레이너에게 말했다.

"내일은 꼭 되갚아준다."

일주일로 예정돼 있던 스파링은 사흘 만에 끝났다. 넷째 날부터는 다른 복서가 구시켄의 스파링 파트너가 됐다. 가스가이는 "사흘 만에 원래의 나로 돌아갔기 때문"이라고 했다.

가스가이 겐이 서 있는 링으로 돌아가보자.

2라운드 역시 1라운드와 마찬가지로 잽부터 시작했다. 팔은 가스가이가 더 짧아도 경기를 이끌고 있는 건 가스가이 쪽이었다. 때때로 스카가 날카로운 펀치를 날리기는 했지만, 가스가이는 그 펀치들을 확실하게 막거나 피했다.

가스가이는, 상대의 다리를 보면 펀치의 타이밍을 알 수 있다고 한다. 상대가 펀치를 날리면 자세를 낮

취 태연하게 몸을 휙 돌려 피한다. 그때는 상대의 다리를 보고 있다. 손보다 먼저 움직이는 게 다리 근육이어서다. 그걸 보고 다시 피한다. 그리고 힘껏 때려 박는다. 그게 훌륭하게 먹힐 때, 경기는 완전히 가스가이의 페이스대로 흘러간다.

3라운드가 되자, 경기 흐름은 한층 더 가스가이에게 유리해졌다. 쇼트펀치가 확실하게 맞았다. 몰아가다가 라이트 스트레이트를 날리자, 스카가 로프로 날아갔다. 가스가이는 그를 로프에 몰아넣고 계속 때렸다. 스카가 로프에 앉은 듯한 자세가 되어, 심판이 로프 다운* 카운트를 시작하려 할 때, 3라운드 종료 공이 울렸다. 3라운드도 가스가이가 완벽하게 승기를 잡았다.

이제 그의 머리가 약간 흐트러졌다. 땀도 흐르고 있었다.

그는 생각한다. 머리가 딱 붙어 있어야 대기실로 돌아갈 때도 멋있는데.

- 로프에 기대 공격도 방어도 할 수 없어 다운으로 인정되는 상황.

한 동료 복서는 그에게 반쯤은 농담으로 이런 말을 한 적이 있다. 그 복서는 "너는 있잖아"라고 운을 뗐다. "3라운드까지는 세계 챔피언이야."

고등학교를 졸업하고 왜 프로에 가지 않았나 생각할 때도 있다. 그런 얘기도 있었다. 가와이 체육관에서 가스가이를 미국에서 데뷔시킬 계획을 세우고 있다고. 일본 프로 복싱계는 침체기였다. 파이팅 하라다도, 후지 다케시도 없었다. 세계 챔피언은커녕, 그런 가능성을 지닌 선수도 현역 중에는 없었다. 구시켄이 세계 챔피언이 된 1976년만 해도 일본 복싱은 아직 침체기에서 벗어나지 못한 때였다. 그렇다면 오히려 미국에서 데뷔하는 게 더 임팩트가 있을 거라 보고 생각한 계획이었지만, 그 계획은 어느새 좌절되고 말았다.

여러 대학에서 오퍼가 왔다. 간토에서는 주오대학, 센슈대학, 니혼대학…… 간사이에서는 긴키대학.

고등학교 감독은 말했다. "너한테 맞는 건 긴키대학이야."

간토지방 대학은 연습이 힘들고, 위계질서나 규율

도 엄격한 편이다. 그런 점에서 보면, 긴키대학이 비교적 느슨하다는 걸 감독은 알고 있었다. 고교 시절부터 자신이 원하는 대로 복싱을 해온 가스가이에게, 간토지방 대학은 적합하지 않았다. 가스가이 본인도 납득할 만한 설명이었다. 오사카에 있는 긴키대학으로 간 건 그런 이유에서였다.

오사카에 가면, 술을 마신 다음 꼭 노래를 부르는 남자가 있었다. 쓸데없이 몸집이 큰, 스모부 남자였다.

"나가오카 스에히로다. 잘 부탁한다."

그렇게 같이 술을 마시러 간 게 첫 만남이었고, 이후 몇 번인가 마주치게 됐다. 그러다 그는 학생 요코즈나*가 되어 프로 스모 선수가 됐다. 지금은 아사시오다로라는 이름으로 스모를 하고 있다. 그는 가스가이의 입학 동기였다.

긴키대학은 확실히 느슨한 편이었다. 이 복싱부에

• 전국학생스모선수권대회의 우승자를 칭하는 말로, 프로 스모에서는 가장 높은 등급을 일컫는다. 우리나라의 천하장사 개념과 비슷하다.

는, 시합 전날 아무렇지도 않게 술을 마시는 분위기가 있었다. 그게 불편해서 그만둔 건 아니다.

복싱을 계속하는 게 우습게 느껴지는 사건이 있었다.

가을이 되면 간토지방과 간사이지방의 대항전이 열린다. 간토대회에서 이긴 팀과 간사이대회에서 이긴 팀이 맞붙는, 왕좌결정전이라고 불리는 시합이다.

긴키대학은 예년처럼 간사이지방의 대표 학교로 출전했다. 가스가이가 1학년 때, 간토지방 대표로 나온 학교는 주오대학이다. 1974년 가을, 주오대학 플라이급에는 훗날 몬트리올올림픽 국가대표가 된 우치야마 노보루도 있었다. 그는 전일본아마추어복싱선수권대회에서 챔피언이 되기도 했다.

가스가이는 1학년인데 출전 선수로 선발됐다. 각 학교의 대표 선수 다섯 명 중 한 명이 된 것이다.

"좋은 시합이었어. 적어도 나한테는 말이야. 시합이 시작되고 1라운드에서 상대를 다운시켰지. 시작한 지 30초 만에. 순식간에 날린 한 방이었어. 당연히 좋았지. 2라운드. 우치야마는 끈질기게 클린치를 시도했어. 내가 공격하려고 할 때마다 클린치를 걸어서 심판이 감점을 요청했고, 그래서 내가 최소 2점은 앞섰어. 3라운드. 그때는 대등한 경기였다고 생각해. 적어도 나는 다운을 당하지 않았고, 결정적인 펀치도 안 맞았어. 끝났을 때는 이겼다고 생각했지. 다운시켰을 때 날린 건 에어 펀치라는 거야. 오른쪽에서 날리는 건데, 그건 사실 빠른 페인트고, 그걸 날리자마자 고속 펀치를 다시 날려. 그게 기가 막히게 들어갔어. 나중에 들어보니까 우치야마는 자기가 쓰러졌을 때의 기억이 없대. 고라쿠엔홀*에서 시합을 한 건 줄 알았다고 하더라고."

사실 경기장은 오사카부립 체육관이었다. 우치야마가 고라쿠엔홀에 있다고 느낄 만큼, 가스가이의 펀치는 엄청났다.

하지만 판정은 우치야마의 승리였다.

"적어도 나는 2점은 앞서고 있었어. 그런데 5점 차

* 복싱, 레슬링을 비롯한 격투기의 성지로, 주요한 경기가 많이 열린다.

로 졌더라고. 대체 뭐가 어떻게 된 거지? 그럼 내가 우치야마보다 7점이나 뒤졌다는 거잖아. 믿을 수가 없었어."

그 결과에 관중들도 소란스러웠다, 라고 했다.

하지만, 결과는 달라지지 않았다.

가스가이는 이날 이후 복싱에 마음이 뜨기 시작했다.

이런 일을 겪고 보니, 오사카가 살기 좋은 곳으로 보이지도 않았다. 요코하마로 돌아가면 여자친구도 많다. 그것 말고도 모든 게 더 편하다. 어머니는 가끔 이런 말을 했다. "놀 거면 콘돔은 꼭 갖고 다니렴."

아버지는 가스가이가 복싱을 하기만 하면 다른 잔소리는 하지 않았다.

복싱을 그만두고 요코하마로 돌아가자 아버지가 말했다.

"네가 무슨 짓을 한 건지는 알고 있겠지."

"알아. 복싱 그만뒀으니 집 나가라는 거잖아."

"바로 그거다."

가스가이는 집을 뛰쳐나왔다. 이세자키초에서 아파

트를 하나 빌리고 일을 구했다. 가장 먼저 한 일은 호스티스 클럽 웨이터였다. 거기는 하루 만에 그만뒀다. 손님과 호스티스가 술을 마시는 테이블에 가서 무릎을 꿇고 서비스를 했는데, 그게 참을 수 없을 정도로 싫었다. 그다음에는 퇴폐 마사지업소 종업원으로 일했다. 돈은 많이 줬지만, 두 달 만에 가게가 망했다. 그다음에는 청바지 가게에서 일했다.

다양한 일을 하면서 많은 세상을 경험한다는 건, 결국은 멀리 돌아가는 셈일지도 모른다.

그는 '복싱 따위'라고 생각하게 됐다. 복싱 같은 거, 어차피 별것도 아니라고.

거짓이든 농담이든 상관없으니, "저는 복싱에 제 청춘을 다 바칠 거예요!"라고 할 수 있었다면 조금은 기분이 달라졌을 것이다.

내게서 복싱을 빼앗아간다면 나는 아무것도 아니다, 복싱을 위해서라면 뭐든 다 견딜 수 있다, 매일매일 노력한다면 곧 보상받을 수 있다, 라고 생각하며 매일 복싱, 복싱, 복싱, 복싱, 복싱……에만 매달릴 수 있다면, 희망이든 꿈이든 목표를 향해 최단 거리로 달릴 수 있으니까 말이다.

집을 나온 지 반년 정도 지났을 즈음, 가스가이는 동거를 하고 있었다. 디스코 클럽에서 일하는 한 살 어린 여자애였다. 어느 날, 그녀가 집을 나왔다며 그의 아파트로 와버렸다.

"그러니까 잠깐만 여기 있을 거야."

"그러니까, 라고 하면서 질질 끌 수 있는 일이 아니야."

"……"

"나, 너랑 결혼 안 해."

그런데 아이가 생겼다. 가스가이의 어머니가 찾아와 어떻게 할 거냐고 물었다. 나 결혼할래, 라고 말한 건 가스가이 겐이 스무 살 때였다. 그 무렵 구시켄 요코는 이다바시에 있는 돈가스집에서 배달을 하며 교에이 체육관에 다녔다. 1.5평짜리 단칸방에서 오로지 복싱, 복싱, 복싱에만 매달려 살고 있었다.

가스가이는 혼모쿠의 본가로 돌아왔다. 큰형은 독

립했고, 작은형은 미국으로 건너간 뒤였다. 딸이 생긴 가스가이는 아버지 소개로 회사에 들어가 회사원 생활을 시작했다.

그렇게 또, 시간이 흘러버렸다.

4라운드 시작 공이 울렸을 때, 가스가이 겐은 오늘 경기가 10라운드라는 걸 기억했다. 그에게는 두 번째 경험이었다. 아마추어 시절에는 길어야 3라운드 매치밖에 하지 않았다.

프로 데뷔전은 6라운드였다. 1978년 10월 16일, 구라마에 국기관. 대기실에서 구시켄 요코는 가벼운 워밍업을 시작했다. 기자들은 그의 주위를 빙 둘러싸고 울타리를 만들었다. 가스가이 겐은 그 사이를 비집고 링으로 향했다. 물론 배경음악은 없었다. 이기든 지든 다음 날 신문에 그가 나올 일은 없었다. 단, 리젠트 머리만은 정성껏 세팅했다. 트렁크도 역시 빨간색이었다. 1라운드가 시작되자 가스가이는 순식간에 상대를 다운시켰다. 라이트 스트레이트가 상대의 얼굴에 꽂히자, 뭔가 우지끈하는 소리가 났고 청코너에서 뛰어나왔던 복서가 쓰러졌다. 그리고 오늘처럼 그도 카운트 에이트에서 다시 일어났다.

가스가이로서는 4년 만에 느껴보는 다운의 감각이었다. 대학 시절, 왕좌결정전에서 우치야마를 쓰러뜨린 이후 처음이었다.

"그때, 그 한 방 때문에 오른쪽 손목을 다쳐버렸지."

그의 공백기는 근육을 쇠약하게 만들었다.

결국 데뷔전에서 KO승을 거두지는 못했다. 6라운드까지 싸워서 판정승. 그러나, 그는 단 한 라운드도 지지 않았다.

데뷔 이래 두 번째 경기 역시, 구시켄 요코의 세계 타이틀 매치 앞 경기였다. 1979년 1월 7일. 가와사키시 체육관. 노 랭커no ranker들끼리의 6라운드. 가스가이는 집요하게 펀치를 날렸지만 상대를 쓰러뜨리지 못했다. 그해 여름에는 8라운드까지 한 경기도 있었다. 데뷔 후 세 번째 경기였다. 한여름이었다. 무더위에 기진맥진한 상태에서 8라운드까지 치렀고, 심판은 무승부를 선언했다.

가스가이의 문제는 단 하나, 체력이었다.

그래도 매일 열심히 뛰려고 하지는 않았다. 대개는 '일주일 정도 관리하면 체력은 올라온다, 아니 최소 사흘이면 된다'고 생각했다. 네 번째 경기에서는 처음으로 랭킹 복서와 붙었다. 일본 플라이급 랭킹 5위, 가이온지 류. 가스가이는 그를 아주 쉽게 한 번에, 매트에 쓰러뜨렸다. KO승은 오랜만이었다.

다섯 번째 경기에서 그는 처음으로, 메인이벤트 선수로서 링에 등장했다. 자신이 포스터를 만들고, 완벽한 자신을 연출한 첫 경기였다. 총 10라운드. 가스가이는 10라운드를 모두 싸워 판정승을 거뒀다.

10라운드 경기는 오늘이 두 번째다.

그는 세계 타이틀 매치는 15라운드˙니까, 라고 생각했다. 일단 10회전에 맞춰 체력을 분배해두는 게 좋지.

링사이드에서는 관중들이 "빨리 쳐!" 하며 아우성

- 현재는 최대 12라운드까지만 진행된다.

치고 있다. "리젠트 머리 운다!"고 야유가 쏟아지자 관중석이 들썩였다. "가운 입은 놈 운다!"는 소리도 들렸다.

그런 야유마저 싫지 않았다. 자신이 정성껏 준비한 세일즈 포인트를 봐줬다는 증거니까.

대체 왜, 4년이나 쉬고도 다시 복싱을 시작했을까.

이렇게 주목받고 싶었던 건 아닐까, 라는 생각이 들었다. 그는 20대 초반의 2년 정도를 회사원으로 살았다.

"나는 뭔가가 되고 싶었어. 근데 월급쟁이를 하다 보니까 점점 그 뭔가가 안 보이더라고. 가정이 생기고, 아이가 자랄수록 더. 아, 이대로는 안 된다. 그런 생각이 들었어. 아무 자극도 없고, 재미도 없었어."

복싱을 다시 하려 하자, 예전에 다녔던 가와이 체육관에서 다시 오라고 했다. 가스가이는 그 제안을 거절하고 지가사키에 있는 호리구치 체육관으로 들어갔다. 피스톤 호리구치˚가 만든 체육관이다. 가스가이는 곧 스물셋이었지만, 여전히 나름의 허세, 부끄러움, 열등감 등이 있었다. 원래 다니던 체육관에서 예전처럼 복싱을 할 수는 없었다.

가와이 체육관에 있는 사람이 물었다.

"너 복싱한다면서 왜 우리 체육관 안 오는 거야."

가스가이는 이렇게 대답했다. "그냥 건강 때문에 하는 거야. 몸을 안 움직이면, 아무래도 둔해지잖아."

그렇게 말한 그는, 나는 왜 이렇게 허세를 부리고 싶어 할까 생각했다. 그러나 곧 납득했다. 그러고 보니, 나는 그러지 않으면 살아 있다는 생각이 안 들어. 늘 그랬다. 초등학생 때였나. 새로 사귀게 된 친구에게 복싱을 하고 있다고 하자, 친구의 눈이 반짝였다. 그 순간, 친구의 반짝이는 눈이 가스가이에게는 거울이 돼버렸다. 거울 속 나는 완벽하고 싶다고 생각했다. 사람은 타인과의 관계 속에서만 자신을 지켜낼 수 있을 때가 있고, 대다수 인간은 그렇게 살아간다.

그렇다면, 이번 시합 역시 "리젠트 머리 운다!"고

- 본명은 호리구치 쓰네오로, 1930년대 일본 복싱계의 상징적인 존재였다. 상대를 로프에 몰아넣어 쉬지 않고 좌우 연타를 날리는 '피스톤 전법'으로 유명해 피스톤 호리구치라 불렸다.

들은 이상, 최소한의 준비를 해둬야 한다.

    4라운드가 끝나고 5라운드 시작 공이 울렸다. 3분은 금방 지나간다. 이대로 가면 우세한 상태로 10라운드까지 갈 것이다. 시간으로는 20분도 채 남지 않았다.

    그 20분을 의미 없이 보내는 게 뭔가 불쾌하게 느껴졌다고 해도 이상하지는 않다. 이렇게 보면, 6라운드에서 가스가이의 돌진이 이해가 된다.

"빨리 끝내고 싶었어."

    가스가이는 그렇게 말했다.

    4년의 공백기를 보낸 인간이 단 20분을 참지 못할 리는 없다. 그러나 나머지 20분을, 공백으로 두었던 4년처럼 써버리는 건 싫었을 것이다.

    가스가이 겐이 "내 생활은 전혀 복서답지 않아"라고 말한 적이 있다.

"복서라면……" 그가 말한다. "아침 일찍 일어나 훈련하고, 오후에 또 훈련하고, 그렇잖아. 나는 아침에 일어나는 게 너무 힘들어. 12월 17일 요코하마에서 시합이 있을 때도, 계체 끝나고 집에 가서 낮잠을 잤잖

아. 진짜 푹 잤어. 이걸 들으면 사람들은 시합 직전에도 그렇게 잘 수 있구나, 라고 하겠지만, 그날 계체를 오전에 해서 아침 8시에는 일어났어야 했어. 나한테는 비정상적으로 빠른 시간이지. 그래서 계체 끝나고 집에 가서 좀 자두고 싶었어."

그건 바꿀 수가 없다. 어느 날 갑자기 일찍 일어나, 아침부터 러닝을 하면 자신 먼저 스스로를 비웃을 것이다. 20여 년간 살면서 삶의 속도 역시 그 자신에게 맞춰졌다.

그러나 인간에게는 아주 잠깐의 시간이 아깝게 느껴질 때가 있다. 예를 들어, 지금 링 위에 있는 그처럼 말이다.

6라운드 시작 공이 울렸을 때, 가스가이는 재빨리 뛰쳐나갔다. 리젠트 머리는 많이 무너졌다. 트렁크도 땀으로 흠뻑 젖었다. 기분이 좋지는 않았다. 링사이드에 있는 꽃들도 시들고 있을 것이다.

"난 맞는 걸 싫어해. 라운드가 길어질수록 맞을 가

능성이 커지잖아. 너무 많이 맞은 나머지 링에서 비틀대고 싶지 않아. 경기가 끝나도 나는 살아가야 해. 그런데 머리까지 망가져서 오징어가 되는 건 참을 수가 없지. 그래서 가능한 한 빨리 승부를 보고 싶었어."

그는 그렇게 말하기도 했다.

단숨에 공격을 하자, 돌파구는 쉽게 열렸다. 얼굴로 훅을 날리는 척하며 바디를 치고, 바디를 치는 척하며 훅을 날렸다. 결정타는 라이트 훅이었다. 스카의 왼쪽 눈언저리가 벌어져 피가 흘렀다. 스카는 전의를 상실한 것처럼 보였다.

심판이 경기를 중단했다. 경기장에 있던 의사가 링에 올라 상처를 살펴본 뒤 고개를 저었다.

심판이 가스가이 겐에게 다가왔다. 그리고 그의 오른팔을 높게 들어 올렸다.

가스가이는, 두 손을 들어 관중의 함성에 대답하며 생각했다.

어젯밤 연습한 대로 잘하고 있는 걸까. 머리가 망가진 건 어쩔 수 없어도, 포즈는 잘해야 하는데.

링에도 거울이 있으면 좋겠다고, 그는 생각했다.

가운을 걸치고 머리에 새빨간 수건을 걸친 뒤 링을 내려왔다. 음악이 필요했다. 다음부터는 퇴장곡도 생각해야 하나.

샤워를 하고 집으로 돌아와 리젠트 머리를 매만지고, 영국 동전으로 만든 펜던트를 가슴에 늘어뜨리고, 청바지를 입고 가죽점퍼를 걸친 가스가이 겐은 거리로 나섰다.

어디로? 라고 묻자, 그가 대답했다.

"디스코 클럽."

가스가이 겐. 나이는 스물다섯. 현재 일본 플라이급 랭킹 4위. 1980년이 끝날 무렵, 둘째가 태어났다. 이제 혼모키에서 장사도 시작하려 한다. 그는 아직 복싱 선수로서 기회가 있다고 믿는다.

김나지움의 슈퍼맨

"밭일하러 가면서 세리카*를 타고 간다는 거야, 글쎄."

수화기 저쪽의 남자가 말했다.

"차를 사달라고 조를 거면 다른 방법도 있을 텐데…… 아니, 그렇지 않아?"

"네, 뭐, 근데 요즘은 자동차가 젊은이들 필수품이니까요. 그럴 만도 하죠. 카탈로그 들고 한번 찾아뵐게요. 아, 그러시군요. 지금 바로 가겠습니다."

전화를 받은 건 세일즈맨이었다. 고객이 갑자기 전화를 걸어와 차를 한 대 더 사겠다고 했다. 이전부터 알고 지내던 고객으로, 요코하마 교외에서 농사를 짓는 남자였다. 채소 농사보다 농지를 조금씩 갈아 분양주택으로 판매하는 쪽이 돈을 더 많이 벌지도 모른다. 그러나 그는 끈질기게 농사를 지었다. 장남은 대학을 졸업하고 직장인이 됐던 것 같다. 세일즈맨은 고객 리스트를 펼쳐 고객의 가족 사항을 확인했다. 공업고등학교를 졸업한 둘째 아들이 있었다. 아마 차를 사달라

* 도요타에서 나왔던 스포츠 쿠페.

고 조른 건 이 둘째일 것이다.

남자에게 가니, 그는 같은 말을 반복했다.

"아니, 얘가 말이야"라며 옆에 앉아 있는 둘째 아들을 턱으로 가리켰다. "밭일하겠다고, 농사를 짓겠다고 하는 거야. 좋았지. 그런데 대뜸 차를 사달라더라고. 참나, 요즘 애들은 진짜 확실해, 그렇지?"

그 아들은 바리캉으로 머리를 민 것 같았다. 휠라 셔츠에 면바지를 입고는, 태연한 표정으로 앉아 있다. 빙긋이 웃으며 여유로운 표정을 짓는다.

"나쁠 거 없잖아. 집안일 도와주는 건데. 오히려 페어레이디를 받아야 할 판이라고."

그는 닛산에서 나오는 스포츠카를 말했다. 세리카를 팔려는 세일즈맨은 도요타 계열 판매점 소속이다. 무슨 말을 해야 하나, 생각하기도 전에 그의 아버지가 말을 꺼냈다.

"너 바보냐! 그런 차로 밭에 가면, 그냥 바로 웃음거리 되는 거야."

그렇게 얘기는 끝난 것 같았다. 아들은 최근까지

오토바이를 타고 다닌 게 틀림없다. 짧게 깎은 머리를 보면 그렇다. 두 바퀴를 졸업한 뒤 휠라 셔츠를 입는 도시 생활자로 전향한 셈이다. 그러다 보면 당연히 네 바퀴가 갖고 싶어진다. 테니스 옷을 입었지만 테니스를 하는 건 아닐 것이다. 세일즈맨은 그의 어깨 근육을 보고 그렇게 느꼈다. 무엇보다 다리가 가냘프다. 괭이질도 제대로 못 할 것 같다.

"그럼 계약서 준비할게요."

세일즈맨이 말하자 남자가 얼른 대답했다. "현금으로 낼게."

보리차를 꿀꺽 삼킨 그가 말을 이었다. "이자 내는 게 싫어서 말이야."

세일즈맨은 그건 그렇죠, 라는 뉘앙스의 말을 우물쭈물 뱉었다. 잘 웃지도 못했다. 그는 얼른 가야겠다고 생각했다.

세일즈맨은 일을 처리하고 자신의 차로 돌아가며 넥타이를 풀었다. 땀이 한꺼번에 쏟아져 나오는 것 같았다. 에어컨을 켜려다 그만뒀다. 대신 창문을 활짝 열고 기어를 넣은 다음 액셀을 세게 밟았다.

　마음 한구석이 찜찜했다.

　아침.

　해가 떠오른 지 얼마 되지 않았다. 근처 두부 가게가 먼저 하루를 시작한다. 드르륵 소리를 내며 낡은 기계가 움직인다. 저건 콩을 으스러뜨리는 소리일까. 살짝 열린 창문으로 그 소리가 들어온다. 곧 라디오를 켜겠지. 이른 아침 노동요로 엔카*를 선택한다는 건, 두부 가게 아저씨 세대의 감성일 것이다. 그 멜로디는 소리라곤 없는 고요한 아침의 공기를 희미하게 흔들고, 미세한 파동을 만들어낸다.

　일어나는 건 그때다.

　겨울에는 거리가 죽은 듯 잠들어 있다. 여름이 가까워졌다. 동쪽 하늘에는 옅은 구름이 떴다. 앞으로 10분 후면, 쏟아질 것 같은 빛이 주변을 뒤덮을 것이다.

---

* 1960년대 전성한 일본 대중가요 장르.

눈을 뜨니, 그날은 평소와 다른 기분이었다. 회사에는 연차를 냈다. 오늘은 완전히 개인적인 하루를 보낼 예정이다.

단숨에 상체가 침대에서 빠져나왔다. 그대로 팔굽혀펴기를 하는 자세가 됐다. 두 다리는 침대 끄트머리에 걸쳐놨다. 손의 위치는 어깨 바로 아래가 아니라 머리보다 더 앞에 뒀다. 그러고 팔을 굽힌다. 이렇게 하면 보통의 팔굽혀펴기보다 더 힘들어진다.

하나, 둘, 셋, 넷…… 숫자를 세면서 기계적으로 팔을 굽혔다 폈다 한다. 근육이 따뜻해진다. 피가 빠르게 흐르는 게 느껴진다. ……열다섯, 열여섯, 열일곱…… 희미하게 땀이 배어 나온다. 나쁘지 않은 컨디션이다. 복근이 긴장하며 딴딴해진다. 허벅지 근육은 곧고 부드럽게 늘어났을 것이다. 여전히 숫자를 세면서 왼쪽 어깨를 봤다. 불끈 솟아오른 근육은 정교하게 움직인다. ……마흔여덟, 마흔아홉, 쉰…… 갑자기 어제 일이 생각났다.

세리카로, 밭에, 가도, 돼, 라고 그는 입 밖으로 내뱉었다. 그 사이 팔을 두 번 굽혔다 폈다. 조만간, 밭, 같은 건, 없어질, 거야……

그리고 작은 집들이 줄지어 들어설 것이다. 세리카는 더 큰 고급차로 대체될 수도 있다. 그뿐인 일들이다. 그들의 육체는 보기에도 처참하게 쇠약해질 것이다. 마음속에 커다란 구멍을 안고 살아갈 것이다. ……일흔하나, 일흔둘, 일흔셋…… 나는 괜찮다. 이 육체를 계속 유지할 것이다. 좋아, 다섯 번 남았어. 일흔여섯, 일흔일곱, 일흔여덟, 일흔아홉, 여든!

숨을 고르며 트레이닝복으로 갈아입는다. 흰색 러닝화에는 파란색 줄무늬가 들어가 있다. 끈을 풀고 발을 쭉 넣으면 발목에 기분 좋은 긴장감이 돈다. 발등이 아플 정도로 끈을 세게 묶었다. 이 정도가 딱 좋다.

힘차게 현관문을 열고 계단을 내려왔다.

문에는 문패 대신 명함이 붙어 있다.

사카모토 세이지.

직함은 이렇다. 도요타 코롤라 가나가와 주식회사 쓰루미영업소 영업과 계장.

덧붙이자면, 나이는 서른넷. 이것저것 챙겨주는 여자가 있긴 하지만, 일단은 독신.

사카모토는 경기를 앞두고 있다.

스쿼시 경기다. 본토인 영국에서는 스쿼시를 스쿠워시라고 발음한다. 미국에서는 스쿠와시라고 한다. 스쿼시 라켓은 테니스나 배드민턴에서 쓰는 라켓보다 헤드가 작다. 공은 탁구공보다 크고 테니스공보다 작다. 재질은 고무. 스쿼시 코트는 벽으로 둘러싸여 있고 경기는 둘이서 한다. 먼저 한 사람이 서브를 한다. 고무공을 전면에 있는 벽에 치는 것으로 시작한다. 상대는 돌아오는 공을 노 바운드 혹은 원 바운드로 벽에 되받아친다. 벽은 어떻게 쓰든 상관없다. 바닥으로 투 바운드 되기 전에만 다시 치면 된다. 그게 이 종목의 원칙이다.

사카모토 세이지는 일본 스쿼시의 일인자다. 이 나라의 스쿼시 역사는 짧다. 올해, 제10회 전일본선수권대회가 열린다. 사카모토는 1회부터 우승을 이어가고 있다. 공식전에서 패를 기록한 적은 없다. 승수를 세다 보면, 135연승이라는 엄청난 기록이 나온다.

그리고 동시에 자동차 세일즈맨으로 일하는 회사원이기도 하다.

그는 양쪽 모두를 해나가고 있다.

그에게는 자동차 판매 실적을 올리는 것만큼이나 연승 기록을 이어가는 것도 중요한 일이었다. 휴가는 모두 원정 경기를 위해 썼다. 해외 원정도 갔다. 부재중일 때 세일즈를 할 수 없는 건 각오했다. 그는 거의 매일 코트에 섰다. 거의 매일 라켓을 잡고 있었다고 해도 과언이 아니다. 이제는 라켓을 움직일 때, 손의 감각만으로 완벽하게 균형을 맞춰 칠 수 있게 됐다.

차가 안 팔리는 날은 있어도, 스쿼시를 잊은 날은 없다. 회사 동료들과의 약속은 피했어도, 훈련은 거르지 않았다.

그는 그 결과로 얻은 것에 만족한다. 그다지 키가 큰 편은 아니다. 165센티미터. 몸무게는 지금 키에 최적인 63킬로그램. 살이 찐다고 해도 65킬로그램을 넘지는 않을 것이다. 근육은 전혀 약해지지 않았다. 배가 나온 것과는 거리가 멀다. 복근이 선명하게 보일 것이다. 가슴둘레는 93센티미터. 허리둘레는 74센티미터. 엉덩이둘레는 98센티미터. 엉덩이도 탱탱하다. 허벅지 둘레는 왼쪽이 66센티미터, 오른쪽이 63센티미터다. 그는 그것도 마음에 든다. 그가 왼손으로 치는 사우스포southpaw여서다. 셔츠를 입고도 팔의 굵기를 알 수 있다. 특히 왼쪽 어깨에서 팔꿈치까지가 굵다.

그의 미학 속에 슬림이란 말은 없었다.

대부분의 인간은, 이라고 그는 생각한다. 어디선가 뭔가를 내던져버려. 일을 시작했다는 이유로 인생관을 바꿔버리지. 여자가 생겼다고 생활 태도를 바꿔버리고, 일이 바빠졌다고 현실에 발을 묶어놓게 돼. 결혼해서 배가 나온 걸 부끄러워하면서도 어딘가에서는 자랑을 해. 그러다 뭔가 중요한 일을 맡았을 때, 서둘러 원래 자신의 육체를 되찾으려 하지. 그때는 이미 늦었어. 육체를 내던진 사람은 육체에게 복수를 당하고 말아. 그런 거야.

그러니까 달리는 것이다.

이 아침에도 달리고 있다.

경기를 앞두곤 더더욱 그렇다. 평소에는 러닝과 침대에 다리 얹고 팔굽혀펴기 80회, 둘 중 하나를 하지만, 경기를 앞뒀을 때는 두 가지 모두를 한다.

아스팔트 도로로 나갔다. 천천히 5~6분 정도 달리면 공원에 도착한다. 러닝을 하면서 발목, 무릎, 허리, 손목, 어깨, 목……하나씩 관절을 풀어준다. 벌써 몇 년이나 같은 일을 반복하고 있다.

시동이 걸리는 소리를 듣고 차 상태가 어떤지 알 수 있는 것처럼, 그는 아침 훈련을 하며 그날의 몸 상태를 파악할 수 있다.

공원을 달린다. 아직 다른 사람은 안 보이지만, 곧 하얀 트레이닝팬츠를 입은 노인이 살짝 빠른 걸음으로 올 것이다. 불룩 튀어나온 배를 빨간 트레이닝복으로 감싼 중년 남자 역시 올 것이다. 아침 공원의 단골손님들이다.

사카모토는, 허벅지를 힘껏 올려, 10미터 대시를 반복한다. 그리고 속도를 좀 줄여 걷다가 다시 대시. 걷고 뛰고를 반복한다. 자신이 생각했던 대로 허벅지가 올라가는 걸 보자, 그는 역시 인생에 아무런 문제가 없다는 생각을 한다.

운동을 마치고 집으로 온 그는, 서둘러 욕실로 향한다. 온몸에 뜨거운 물줄기를 뿌린다. 땀이 흩날린다. 갈색 피부는 물줄기를 힘껏 튕겨냈다.

오늘 아침은 혼자다.

욕실을 나와 냉장고를 연다. 오렌지 주스를 컵에 붓고 꿀꺽꿀꺽 소리를 내며 마셨다.

이제 식사 준비를 한다.

걱정되는 건 하나도 없다.

이길 수 있을 거라고, 그는 확신했다.

푹 쉰 다음, 10시가 되면 집을 나갈 것이다. 오늘은 일을 하러 갈 필요가 없다.

사카모토 세이지가 운동을 시작한 건 고등학교에 들어가서였다.

태어난 곳은, 요코하마시 이소고. 지금은 게이힌 도호

쿠션이 이소고까지 지나며 전형적인 주택가가 되고 있지만, 예전에는 도쿄만灣이 가까운 조용한 마을이었다.

그는 비행소년이었다. 중학생 때는 친구들과 함께 이세자키초를 당당하게 걸어다녔다. 갈취를 한 적도 있고, 갈취를 당한 적도 있다. 누군가를 때리는 횟수와 누군가에게 맞는 횟수도 비슷했다.

가나가와현립 미도리가오카고등학교에 들어가자 두 살 많은 형이 자신의 친구를 데리고 왔다.

"배드민턴 인터하이에서 우승한 애야"

라고, 형이 소개했다.

사카모토는 그 말을 듣고 풋, 하며 웃고 말았다. 배드민턴이래 봤자 그냥 하네쓰키*잖아, 라고 생각했기 때문이다. 배드민턴 고교 챔피언은 화를 내는 대신, 한마디만 했다. "우리 팀에 들어오면 일본 최고가 될 수 있어."

- 정월에 하는 일본 전통놀이 중 하나. 탁구채와 비슷한 채로 깃털공을 주고받는 거라 배드민턴과 비슷하다.

단지 그거 하나 때문에 배드민턴을 시작했다. 열여섯 살이었다. 아주 단순하게 강인함을 동경해도 이상하지 않을 나이. 일본 최고라는 말은 힘을 가늠하는 척도로 충분했다.

그러나 배드민턴부에 들어간 첫날 그는 토를 하고 말았다. 쉴 새 없이 움직이는 걸 몸이 힘겨워했다. 이럴 리가 없는데, 하면서도 토를 했다. 훈련이 끝나고 원래처럼 담배를 피우자 이상하게 식은땀이 나며, 비린내가 느껴졌다.

코트에 서자, 고작 하네쓰키라고 알았던 운동이 생각보다 힘들다는 걸 깨달았다. 코트는 넓지 않다. 가로는 6미터, 세로는 7미터 정도. 그 구역 안에 들어오는 셔틀콕을 쳐서 넘기면 된다. 그뿐이다. 그러나 맞받아칠 수 없었다. 사정없이 날아오는 셔틀콕을 따라갈 수가 없었다. 오른쪽으로 왼쪽으로, 앞으로 뒤로 달리면 숨은 금방 가빠졌다. 그러다 쓰러지면 한바탕 물을 맞았다. 이렇게까지 해야, 강팀이 된다.

녹초가 됐을 때쯤 훈련이 끝났다. 한 선배는 반쯤

농담으로 말했다.

"왜 이렇게까지 훈련을 하는 건지는 생각하지 마. 그냥 로봇처럼 해. 죽은 듯이 버텨. 훈련을 해. 그러면 강해질 수 있어."

"네, 열심히 하겠습니다." 사카모토는 그렇게 대답했다. 하지만 반신반의였다. 막상 시합을 하면 어떻게 해도 선배를 이길 수 없었다. 이렇게 한다고 정말 강해질 수 있는 걸까. 그해 말, 신인전이 열렸다. 아마 거기서 이기지 못했다면, 그는 배드민턴 같은 건 그만두고 말았을 것이다. 그러나 웬일인지 이겨버렸다. 무려 우승을 했다. 그가 사실 나는 강한 거 아닐까, 라고 생각한 건 그때부터다.

셔틀콕은 가볍다. 그냥 때리면 날렵하게 날아가지 않는다. 핵심은 손목 스냅이었다. 손목에 힘이 붙자 공의 속도가 빨라졌다. 힘 조절까지 하게 되니 네트에 닿을락 말락 한 곳에 공을 떨어뜨릴 수도 있었다.

고등학생 때는 전국 8강에 들며 끝났다. 배드민턴을 계속할 생각으로 주오대학 경제학부에 진학했다.

상위권 선수들이 대개 주오대학과 호세이대학에 있었기 때문이다.

그의 목표는 이기는 것뿐이었다. 라이벌을 정한 다음, 그 선수를 이길 생각만 하라고 스스로에게 계속 말해왔다.

학교에 전용 코트는 없었다. 가쓰시카 시바마타에 합숙소가 있었지만, 거기에도 코트는 없었다. 그래서 체육관 코트를 빌려 썼다. 코트를 매일 빌릴 수 있는 것도 아니어서, 코트 하나를 잡으면 배드민턴부가 전부 모였다. 그러면 훈련이 안 되니 오후부터는 그룹을 나눠서 했다. 사카모토를 데리고 다닌 건 같은 고등학교 출신의 선배였다. 그는 자비가 없었다.

힘들어서 쓰러지면 그만한 제재가 기다리고 있었다. 그러나 가끔은 물을 맞아도 정신이 들지 않았다.

선배는 "힘들어서 죽을 것 같을 때도"라는 말로 입을 뗐다.

"네 라이벌 얼굴이 떠올라야 해. 알겠냐."

그는 대학생 때 오로지 배드민턴만 했다. 당시 볼

링이 유행했지만, 사카모토는 단 한 번도 볼링공을 들어본 적이 없다. 마작 패 한번 잡아본 적도 없었다. 아침 6시에 일어나 훈련을 하고, 9시부터 12시까지는 합숙소에서 단체 연습을 했다. 오후에는 빌린 코트를 쓰거나 고등학교 체육관을 빌려 계속 라켓을 휘둘렀다. 술은 안 마셨다. 피우던 담배는 대학에 들어가서 끊었다. 1월에도 새해 첫날부터 라켓을 잡았다. 다른 선수들이 어떤 훈련을 하는지 몰래 훔쳐보기도 했다. 놀러 가는 척 합숙소를 나가서는, 코트에 섰다. 영화를 보고 싶다는 생각도 안 했다. 집과 합숙소와 코트, 세 꼭짓점을 매일 격렬하게 오갔다. 바깥세상은 시끄러웠다. 1960년대 후반이었다. 캠퍼스는 전쟁터였다. 이기는 것에 대한 환상이 세상을 뒤덮은 가운데, 그는 개인적인 승리만 생각했다. 왜였을까. 이것만은 말할 수 있었다. 오로지 배드민턴만 하며 살았는데, 어떻게든 결과를 내지 못하면 모든 게 무의미해지는 거 아닌가.

대학 시절, 사카모토는 전국 5위에 올랐다.

낮.

사카모토는 코트에 서 있다. 시드 선수인 그는 2차전부터 나가게 된다.

큰 경기는 아니다. 도쿄 일대의 스쿼시 선수들이 모이는 토너먼트다. 하지만 실제로 강한 선수들은 대개 도쿄에 몰려 있다. 스쿼시 코트가 대부분 도쿄에 있어서다. 그 밖에는 나고야, 오사카, 후쿠오카 등에 몇 개씩 있다. 도쿄 지구의 토너먼트는, 전국대회와 맞먹는다고 할 수 있다.

적이라고 할 만한 선수는 거의 없다.

게임은 서브권 9점제•다. 서브권을 갖고 있을 때 낸 점수만 가산되고, 먼저 9점을 낸 사람이 해당 세트의 승자가 된다. 경기는 총 5세트. 먼저 3세트를 이기면 최종 승자가 된다. 서브를 주고받으며 듀스를 거듭하다 5세트를 모두 치를 경우, 총 경기 시간이 1시간 반

• 현재 스쿼시 단식 경기는 서브를 하는 선수나 받는 선수 모두 랠리에서 이기면 포인트를 얻는 11점 랠리제다.

이 걸리기도 한다. 실력 차가 클 경우, 30~40분이면 끝난다.

스쿼시는 선수가 벽을 향해 서도 뒷면이 벽이다. 하지만 스쿼시 코트는 대개 뒷벽이 강화유리로 만들어져 경기가 다 보인다. 그 유리 벽을 통해 경기를 볼 수 있다. 아니면 2층 정도 높이에서 아래를 들여다보듯 볼 수도 있다. 스쿼시가 성행하는 나라에 가보면, 코트 위쪽은 관중석으로 돼 있고 벽에 설치된 TV에서 경기가 중계된다. 그 정도 설비를 갖춘 코트는, 아직 일본에 없다.

"좀 살살 부탁드릴게요."

2차전 상대가 말했다.

"대진운이 조금만 더 좋았다면 8강까지는 갈 수 있었을 텐데, 하하하."

그는 담백하게 웃으며 말했다. 아직 취미로 스쿼시를 하는 사람일 것이다.

진짜 바보네, 라고 사카모토는 생각했다. 경기를 하기도 전에 이미 진 사람처럼 말하고 있지 않은가. 비

굴해지면 이길 수 없다.

　문득, 어제 일이 머리를 스쳤다. 나는 왜 짜증이 났던 걸까? 아니다, 그런 건 잊어버려야 한다. 오늘은 일이 아니라, 스쿼시를 하는 날이다.

　사카모토는 조용히 웃었다.

　그러곤 고무공을 과감하게 벽으로 날려 보냈다. 몇 초라는 시간 뒤 공이 돌아온다. 되받아친다. 튕긴 공이 돌아온다. 다시 맞받아친다. 탁, 하는 소리가 기분 좋게 울려 퍼진다. 포핸드 연습이 끝나면 백핸드다. 벽을 교묘하게 이용해 연거푸 샷을 날렸다. 선수들 사이에서 와, 하는 탄식이 나왔다.

　고무공은 쓰지 않아 차가운 상태에서는 탄력이 별로 없다. 얼마 동안 힘껏 치면 탄력이 생겨 잘 튀어 오른다.

　사카모토는 벽의 어느 부분에 특정 각도로 공을 쳤을 때, 벽에서 튕겨 나온 공이 어디로 가는지를 거의 다 알고 있다. 예를 들면 서브. 코트 오른쪽에 서서 서브할 때는, 전면에 있는 벽의 중앙에서 약간 왼쪽으로 가끔 샷을 날린다. 그럼 벽에서 튕긴 공이 코트의 왼쪽 뒤쪽, 심지어 사이드월side wall의 아슬아슬한 곳으로 떨어진다. 오른손잡이라면, 벽에 라켓이 부딪칠 정도의 백핸드로 받아쳐야 한다. 당연히 스위트 스폿 sweet spot으로 공을 치기는 어렵다. 받아친다 해도 위력은 없다.

경기는 완전히 사카모토의 페이스대로 진행됐다.

서브권을 가지면 사카모토는 놀이를 하듯 상대를 몰아붙였다. 강한 볼을 치고, 상대를 속이고, 왼쪽으로, 오른쪽으로 공을 흩뿌렸다. 그럴 때마다 상대는 코트를 뛰어다녀야 했다. 쓸데없는 움직임이 많을 수밖에 없다. 사카모토가 9대0으로 1세트를 따냈을 때, 상대는 괴로운 듯 숨을 몰아쉬고 있었다.

누구에게나, 그런 시기가 있다.

"좀 전의 시합 봤어요. ······저, 사카모토 씨 맞죠?"

대학교 4학년 때 한 여자가 말을 걸어왔다. 배드민턴 시합을 위해 홋카이도에 왔다고 했다. 그 여자도 배드민턴 라켓을 들고 있었다. 미야기현 센다이에 있는 여대 소속 선수라고 했다.

"아, 안녕하세요."

사카모토는 그 정도 대답밖에 못 했다. 그때껏 여자를 사귀어본 적이 없어 말을 이어갈 넉살이 없었다. 상대가 대화를 이끌어줘도 어색했다. 그러다 펜팔이라는, 왠지 모르게 예스러운 교제가 시작되고 말았다.

사카모토는 놀라울 정도로 빠져들었다. 매일 편지를 썼다. 하루에 두 통씩 쓴 적도 있을 정도다. 스물두 살까지 전혀 모르고 살던 감정에 불이 붙었다. 만나지 않으면 헤어질 것 같았다. 졸업은 가까워졌고, 취직은 불확실했다.

신문에서 "준비금 6만 엔"이라 쓰인 공고를 발견하고, 곧바로 지원한 건 회사나 직종이 맘에 든다기보다 그 6만 엔이 데이트 비용으로 보였기 때문이다.

공고를 냈던 회사는 '도요타 코롤라 가나가와'라는 회사였다. 세일즈맨 모집 공고였다. 1969년, 초임 월급이 38,000엔. 게다가 6만 엔의 준비금이 추가로 주어졌다. 자동차 영업소에서 인재를 유치하기 위해 열을 올리던 시절의 얘기다.

면접에서 "면허가 없네요"라는 얘기를 들었다.

"네, 이제 따려고요. 학생 때는 운동에 열중하다 보니 면허를 딸 겨를이 없었습니다."

그 대답을 하면서, 코롤라에 대해 물으면 어떡하나 생각했다. 그는 거리를 지나는 자동차가 코롤라인지, 닛산의 블루버드인지 구분할 수 없었다. 다만, 코롤라는 차종이 있다는 건 3억 엔 사건˙ 때문에 알고 있었다.

그녀가 도쿄에 놀러 왔다.

사카모토는 일을 시작했다.

회사에 들어가 깨달은 건, 자신이 터무니없는 곳에 들어왔다는 거였다. 영업소장은 틈날 때마다 우리 회사가 전국 제일의 영업소라고 소리쳤다. 업계에서는 '저기 들어가면 죽어!'라는 소문이 돌았다.

"싸우면서 배워라! 배우면서 싸워라!"

- 1968년 12월 한 남자가 은행의 현금수송차량에 있던 약 3억 엔을 탈취한 사건. 현금수송차량을 끌고 도주한 남성은 이후 도요타의 코롤라로 바꿔 타고 사라졌지만 잡지 못해 여전히 미제로 남아 있다.

매일 아침, 소장은 절규하듯 말했다.

자동차 생산량은 급격히 증가하고 있었다. 오일쇼크 몇 년 전이다. 세일즈맨들은 필사적으로 팔아 치웠다. 같은 도요타 자동차를 취급하는 영업소가 같은 지구 안에서 경쟁했다. 가나가와 도요타도, 요코하마 도요펫도 있었다. 도요타오토 가나가와라는 영업소도 있었다. 한 집안에서도 경쟁을 해야 했다. 세일즈맨들은 매일같이 '전쟁터'로 보내졌다.

연수를 마친 뒤 신입사원들만 모아 실전 특훈을 시켰다. 어느 상점가로 가더니, 각각 구역을 정해주고 모두 흩어지게 했다. 집합 시간은 몇 시간 뒤였다.

"연수에서 배운 걸 실전에서 해봐라!"

남색 정장을 입은 신입사원들이 모두 흩어졌다. 사카모토도 마찬가지였다. 집집마다 찾아다녔지만, 세일즈맨으로서의 실전 테크닉 같은 걸 체득했을 리 없다. 예를 들면, 현관문을 연다. 신발이 가지런히 놓여 있다. "아, 실례합니다." 인사를 하다 집주인이 나오기도 전에 신발을 발로 차버렸다. 정리된 신발들은 엉망이 된다. 집주인이 모습을 드러낼 때, 세일즈맨은 몸을 굽혀 신발들을 가지런히 정리한다. 그러곤 고개를 들고 환하게 웃으며 말한다. "안녕하세요."

이런 건 신입이 할 수 없다. 그저 이리저리 돌아다닐 뿐이다.

그날 사카모토는 당연히 단 한 건의 계약도 따내지 못했다. 게다가 집합 장소를 못 찾았다. 온 동네를 돌아다녔지만, 동기들은 보이지 않았다. 영업소로 돌아가는 길도 몰랐다. 생각에 잠긴 그는 우연히 발견한 미용실에 들어갔다. "저, 뭐 좀 여쭤보려는데요, 혹시 도요타 코롤라 가나가와 본사가 어느 쪽인지 아시나요?"

"…………?"

"아, 그게, 저 이런 사람인데요."

그가 명함을 내밀었다.

"본인 회사잖아요."

"네, 맞습니다."

"근데 왜 몰라요?"

"아, 그게 ─ 제가 신입사원인데, 이 근처에 차를

팔러 왔거든요. 근데 길을 잃은 것 같아서요."

"아니, 세일즈맨이라면서 미아가 된 거야? 하하."

미용실에 있던 여자아이들이 사카모토는 아랑곳없이 큰 소리로 웃어댔다.

결국, 택시를 잡아타고 돌아가야 했다. 출근 첫날의 일이었다.

"걸어라!"

그게 신입의 기본이었다.

"하루 100건, 신규 고객 발굴!" 매일 그걸 외쳐야 했다. 아침에는 모두 회사 옥상에 나란히 서서 일제히 소리를 쳤다. "안녕하십니까!" "어서 오세요!"

20대 신입사원도, 30대 중간관리자도, 40대 관리직도 매일 아침 함께 외쳤다. "나는 할 수 있다!" 혼자 외치게 하기도 했다. 맹렬한 의욕, 그게 전부였다. '모레쓰モーレツ'*는 훌륭한 가치관이었지만, 덕분에 신입사원의 절반 정도가 몇 달도 안 돼 그만뒀다.

"어서 오세요!"

사카모토가 처음으로 자동차를 판 사람은 영업소

에 찾아온 손님이었다.

"차 좀 사려고."

손님이 말했다.

"네, 고맙습니다!"

사카모토가 소리쳤다.

"그렇게 크게 소리 안 쳐도 돼. 어차피 살 거니까."

사카모토는 서둘러 팸플릿 등을 보여줬다. 손님은 살펴보더니 쉽게 결정했다. "이걸로 할게. 얼마지?"

코롤라였다. 처음 계약서를 쓸 때, 사카모토는 손을 덜덜 떨었다.

신입사원치곤 우수한 성적이었다. 입사한 해, 4월부터 12월까지 9개월간 59대를 팔았다. 신입사원 중에서는 실적이 가장 좋았다.

그럼에도, 사카모토는 이 일을 시작하고 몇 년간 자신이 자동차 세일즈맨이라는 사실을 친구들에게 말하

- 1960년대 후반 CM에 나오며 유행했던 '맹렬'이라는 뜻의 단어로, 회사에 충성하며 출세를 위해 열심히 일하는 직장인을 '모레쓰 사원'이라 불렀다.

지 못했다. 세일즈라는 일에 자부심을 가질 수 없어서였다. 자동차 세일즈맨은 언제 어디서나 뽑고 있었다.

"그다지 큰 회사라는 느낌이 들지 않는 것 같아."

센다이에 있는 여자친구가 무심코 한 말에도 그런 기분을 느꼈다.

자주 만날 수도 없었다. 자연스레 사이가 멀어졌다. 기분은 갈수록 가라앉았다. 게다가 무릎을 다쳐버렸다. 규칙적으로 훈련을 할 수 없었다.

배드민턴 선수로서 마지막 전국체전에 나갔을 때, 사카모토의 왼쪽 무릎은 찰 대로 차버린 물 때문에 이미 아픈 상태였다. 성적은 턱걸이로 16강. 그는 마취를 하고 경기에 나섰다.

그게 마지막 배드민턴 경기였다.

2세트 역시 일방적으로 사카모토가 앞섰다.

상대는 어찌할 바를 몰랐다.

사카모토는 1점도 내주지 않겠다는 생각을 하기 시작했다. 누가 봐도 실력 차는 상당하다. 가벼운 마음으로 해도 된다. 그러나 사카모토는 적당히 할 생각이 없었다. 오히려 진심이 되고 말았다. 나는 이 녀석한테 단 1점도 줄 수 없어.

사카모토는 국제 경기에 임할 때와 같은 세밀함과 파워로 마구 쳐댔다.

서브는 조금도 어긋남 없이, 사이드월과 백월back wall이 교차하는 지점으로 들어갔다. 상대가 간신히 맞춘 공이 되돌아온다. 그걸 사이드월로 내동댕이친다. 공은 옆에서 앞으로 리바운드되어 바닥으로 떨어진다. 사카모토 앞에서 비틀대던 상대 선수가 얼른 달려나갔다. 간신히 라켓으로 공을 치고선 자세를 바로잡는다. 사카모토는 전면 아래쪽으로 낮게 꽂는 드롭 샷을 날리며 공격에 박차를 가한다. 상대는 이미 완전히 균형을 잃은 상태였다.

긴 랠리가 이어졌다. 코트 위 두 사람은 확실히 공을 잡아채, 벽을 향해 되받아치고 있었다. 언뜻 보면, 경기가 꽤 단조로워 보인다.

그러나 사카모토는 이 랠리에서 자신이 이기고 있

다는 걸 안다. 증거는 라켓 소리다. 모든 공을 라켓의 스위트 스폿으로 치면 공이 튕길 때 나는 소리가 일정하다. 리듬도 무너지지 않는다. 폼은 완벽하다. 랠리가 계속될수록, 상대의 라켓에서 나는 소리는 조금씩 달라졌다. 그건 집중력이 떨어졌다는 뜻이다. 사카모토가 가만히 있어도, 그는 자멸할 것이다.

힘으로 밀어붙였다.

기술로 상대를 농락했다. 약점이 보이면 집요하게 공격했다. 결점을 발견하면 물고 늘어졌다. 구기 종목은, 원래 이런 모습을 갖고 있을 것이다. 인간이 어쩔 수 없이 안고 살아가는 모습들이 투영된 종목이기도 하다.

사카모토는 퍼펙트게임으로 이겼다.

지켜보던 사람들 사이에서 박수가 터져 나왔다. 패자는 땀을 흘리며 헐떡이고 있다.

"역시…… 세다."

그는 웃으며 말했다. 그의 입에도 땀이 흐르고 있었다. 왠지 편안해 보였다.

사카모토는 묘한 피로감을 느꼈다.

1점도 내주지 않으려고 너무 힘을 쓴 걸까. 그럴 때도 있다.

"땀이 엄청 나네."

뒤에서 들리는 여자 목소리에 그가 돌아봤다. 그는 그녀를 '세이코'라고 부른다. 진짜 이름은 마사코다. 연인이자, 매니저이자, 지친 근육을 풀어주는 트레이너이기도 하다.

"오늘 날이 덥잖아."

"아직 경기 남았는데."

"컨디션이 너무 좋더라고. 그래서 열심히 한 거야."

그런데, 왜 이렇게까지 스쿼시에 빠지게 된 걸까.

일이 재미없어서였을까. 그건 아니다. 사카모토는 자동차 세일즈맨이 된 지 4년째가 되던 해, 150대를 팔아 도요타의 '우수 세일즈맨'으로 선정됐다. 그다음 해에도 실적은 떨어지지 않았고, 그는 2년 연속 톱 세일즈맨의 자리를 지켰다. 지금도 평균 이상의 실적을 올리고 있다. 연 수입은 약 400만 엔. 해외 원정으로 쉬는 날이 있는데도 이 정도다.

하지만, 그것만으로는 부족한 게 있다. 그는 고등학교 시절, 자신의 '사인'을 어떻게 해야 할지 고민했다. 어렸을 때는 누구나 하는 일이다.

소년은, '만약 내가 유명해진다면'이라는 상상을 한다. 사인을 해야 하잖아. 미리 사인을 정해놔야지.

노트를 꺼내 자신의 이름을 적어본다. 처음에는 한자를 흘려 써본다. 세로로 길게, 다시 또 크게. 그다음에는 영어로 써본다. SEIJI SAKAMOTO. 특징은 머리글자인, 두 개의 S에 있다. 그 S를 꼬불꼬불 써보니 마음에 들었다. 나는 꼭 사인을 하는 사람이 될 거야.

대부분의 인간은 그런 기억을 잊어버리고 만다. 언젠가는 백일몽에서 깨어난다. 나만은 어떤 특별한 사람이 될 수 있을 거라는 희망을 무너뜨려 버린다.

그러나 그는, 언제까지나 그 희망을 잃지 않았다.

사인을 만든 건 배드민턴을 시작했을 때였다. 이후 그는 오로지 승리만 생각했다. 다른 목표를 찾을 생각도 없었다. 이기기 위한 뭔가를 하지 않으면 자신의 발밑이 무너지고 만다. 이렇게 되면, 마치 자전거 바퀴가 쉼 없이 돌아가는 것처럼, 끊임없이 이길 수 있는 상황을 만들어야 한다. 그것 또한 일종의 속박에 사로잡힌 몸이지만 말이다.

"자, 이거 마셔."

세이코가 내민 건 레몬주스였다. 초여름 오후의 애슬레틱 클럽은 땀으로 물들고 있었다.

배드민턴을 하나 무릎을 다쳤을 때, 사카모토는 이제 나는 어떻게 되는 걸까 생각했다.

그는 그때까지 배드민턴 말고는 아무것도 없다고 할 정도로 몰입했다. 그런데 갑자기 배드민턴으로부터 버려지고 말았다.

"어디 좋은 의사 없어?"

많은 사람에게 묻고 다녔다. 세일즈맨의 세계에는 그런 정보가 넘쳐난다. 어디에 좋은 의사가 있다, 지압이 효과가 좋다더라, 아니, 역시 침을 맞아야 한다. 고객이 물었을 때 언제든 대답할 수 있어야 하기에,

실제로 의사의 실력이 괜찮은지와는 별개로, 세일즈맨들은 그들 나름대로 의사들 정보를 정리해 머릿속에 담아놓고 다녔다.

다양한 치료를 해봤지만 결과는 신통찮았다. 가와마타치료원을 발견한 건 사카모토 그 자신이었다. 차를 타고 요코하마 시내를 도는데, 신호에 걸렸다. 마침 왼쪽에 스포츠 트레이너라는 간판이 보였다. 사카모토는 망설임 없이 그곳에 들어갔다. 새로운 치료법이 있다면 그게 뭐든 해볼 생각이었다. 운동을 못 하느니, 차라리 치료에 실패하는 게 나았다.

계속 가와마타치료원에 다녔다. 왼쪽 무릎이 괜찮아지면서 스쿼시도 만나게 됐다. 가와사키에 있던 볼링장이 시대 흐름에 따라 애슬레틱 클럽으로 바뀌었기 때문이다. 거기에 스쿼시 코트가 생겼다. 에인절 클럽이라고 했다.

사카모토는 거기서 처음으로 스쿼시 경기를 봤다. 라켓을 쓰는, 실내 구기 종목. 배드민턴과 비슷했다. 스쿼시 라켓을 들고 1~2주간 연습하니, 대개는 지지 않게 됐다.

스쿼시 보급을 위해 호주에서 코치가 온 게 그 무렵이다.

기초부터 고난도 기술까지 알려준 뒤 코치가 말했다.

"이제 시합을 한번 해볼까요?"

사카모토가 코트에 섰다. 질 수는 있지만, 처참히 지는 일은 없을 거라고 생각했다.

코트 위에 함께 나란히 섰다. 그러나 코치가 치는 공의 속도는 예상한 것 이상이었다.

"세이지! 그거 아니야. 지금 샷은 틀렸어."

"안 돼. 코트 안을 뛰어다닌다고 좋은 게 아니라고. 내가 뛰는 것보다 상대를 뛰게 하는 게 좋은 거야. 그렇게 하려면 어디에 공을 꽂아야 하는지를 생각해."

상대가 되지 않았다. 시합을 하면서도 코치는 짜증 섞인 목소리로 계속 잔소리를 했다. 그만큼, 사카모토의 수준이 처참했다.

사카모토가 다시 마음을 다잡고 운동을 시작한 건 그때부터다. 우선 기초체력 회복에 힘을 썼다. 술을 끊었다. 무슨 일이 있어도 하루에 한 번은 꼭 라켓을 잡고, 코트에 섰다. 1972년 12월 제1회 전일본스쿼시 선수권대회가 열렸다. 사카모토는 쉽게 우승을 거머쥐었다.

그다음 해, 호주의 프로 코치에게서 레슨을 받을 기회가 생겼다. 그는 휴가를 내고 시드니로 떠났다.

그 뒤로는 매년 해외 원정을 갔다. 스쿼시가 번성한 나라는 과거 대영제국의 세력권에 있다. 아시아로 치면, 싱가포르, 말레이시아, 파키스탄 등이다.

해외에서 경기 경험을 쌓을수록, 국내에서는 무적이 됐다. 이기니까 또다시 대표로 뽑혔다. 원정 비용은 협회에서 보조금이 나오기도 하고, 해외에서 초대를 받기도 하지만, 대부분은 자기 부담이다. 연 수입의 약 4분의 1은 이런 비용으로 썼다.

장기간 자리를 비울 때, 그는 자신의 고객들에게 편지를 썼다.

예를 들면, 이런 내용이다.

"······여가 활동으로 하는 스쿼시에서 작년에는 동아시아대회, 세계선수권대회……등으로 해외 원정을 다녀온 덕분에, 전일본선수권대회에서 8연패를 할 수 있었습니다. 아직 올해가 시작된 지 얼마 되지 않았지만, 1월 15일부터 2월 말까지 약 45일간, 전영全英선수권을 시작으로 유럽에서 수많은 대회를 돌며 사카모토 세이지의 명성을 세계에 퍼뜨리고 올 생각입니다. 물론 제 본업은 도요타의 자동차 세일즈맨입니다. 여러분께는 아무런 폐가 되지 않도록 하겠습니다. 자동차 구입, 소개, 기타 용선이 있으실 경우 새로운 소장인 야타베에게 문의주시면 고맙겠습니다. 잘 부탁드립니다."

고객을 잃을 수도 있다. 이해를 해주는 상사만 있는 것도 아니다. 최대한 휴가를 붙여서 가는 거지만, 스쿼시만 하는 주제에 월급을 받는다고 투덜대는 동료의 질투도 받는다. 당사자 마음속에, 본업이 아닌데 이렇게까지 해버리면 회사원으로서의 미래에 지장이 생길지 모른다는 우려가 있어도 이상하지는 않다.

그러나 사카모토는 스쿼시 시간을 줄일 생각이 없

다. 해를 거듭할수록 스쿼시라는 종목에 빠져들었다.

누구나 그렇듯 그의 마음속에도 일만으로는 메울 수 없는 구멍이 있는 것이다. 그의 구멍은 스쿼시 공 모양처럼 생겼다. 한 달에 자동차 10대를 판다. 상당한 실적이다. 20대 팔았다. 대단한 숫자다. 하지만 그게 뭐 어떻단 말인가. 마음속 구멍은 채워지지 않는다.

예를 들어, 결혼을 하고 아이를 낳았다고 치자. 그렇다고 그 빈 구멍이 메워지는 건 아니다. 혹은 고작 그런 걸로는 채워질 수 없는 뭔가가 있다고 굳게 믿을 정도로, 그가 자신만 아는 사람이거나.

오후 2시.

사카모토가 다시 코트에 섰다. 바닥에는 단단한 나무판자가 깔려 있다. 가로 5~6센티미터의 나무판자 110장. 바닥의 좌우 중앙과 앞뒤 중앙 부분에 줄이 그어져 있다. 그 외에는 서브를 칠 때의 위치를 표시하는 테두리가 좌우에 하나씩 있다. 사카모토는 바닥에 서 있는 것만으로도 기분 좋은 긴장감에 휩싸인다.

고무공을 들고, 라켓으로 벽을 향해 치면, 나머지는 더 생각할 게 없다. 순간적으로 판단해 근육이 움직이는 대로 육체를 보내면 된다. 사카모토는 이날의 두 번째 경기에서도 이겼다.

결승에서 만난 상대는 우시오기 선수였다. 어떤 대회를 나가든 이 선수와 결승을 하게 된다. 그리고 우시오기는 사카모토를 이길 수 없다.

1년 전 여름은, 사카모토가 부상에서 회복한 직후였다. 영국에 원정을 갔을 때 왼발 아킬레스건이 끊어졌다. 한겨울의 스코틀랜드. 워밍업이 충분하지 않았을지도 모른다. 경기가 시작되고 몇 분이 지났을 무렵, 사카모토는 코트를 가로지르며 대시했다. 상대의 드롭샷을 코너에서 건져 올리려 한 것이다. 그때 왼쪽 다리가 바닥으로 푹 빠졌다고 느꼈다. 말도 안 되는 일이지만, 바닥에 깔린 나무판자가 부서진 게 분명했다. 판자 속에 발이 빠진 느낌이었다. 멈춰 서서 바닥을 봤다. 바닥은 멀쩡했다. 식은땀이 흘렀다. 경기가 재개됐지만, 사카모토는 새파랗게 질려 움직일 수 없었다.

그로부터 반년밖에 지나지 않아, 그는 다시 전일본 선수권대회 코트에 서 있었다. 그리고 또다시 무패의 기록을 늘렸다.

사카모토는 생각했다. 그게 어떤 대회든, 우시오기에게는 한 세트도 빼앗기면 안 돼. 우시오기를 사정없이 두들겨 패놓으면, 나를 이길 수 있는 놈은 아무도 없어.

1세트. 사카모토는, 연달아 5점을 땄다. 서브권을 빼앗기고 나서는 3점을 내줬다. 피로가 쌓이고 있나 싶기도 하다. 하얀 벽으로 둘러싸인 코트는, 천장에 가까운 부분이 열려 있긴 하지만, 날이 유난히 덥다. 경기가 시작되고 10분만 지나도 깜짝 놀랄 정도의 땀이 흘러나온다.

더위. 맞다, 더위에 진 적이 있다.

파키스탄의 카라치였을 것이다. 비행기에서 내렸는데 불어오는 바람이 너무 뜨거워 당황했다. 호텔에 도착해 샤워를 하자 석회 냄새가 코를 찔렀다. 단순한 물이라기보다는 일종의 약수 같았다. 비누를 써도 거품이 나지 않았다. 땀이 밴 셔츠를 빨자 셔츠의 색이 빠져버렸다. 냉방이 잘돼 있어야 할 코트는, 경기가 시작되자 히터를 튼 게 아닐까 싶을 정도로 더웠다. 마치 물속에 있는 것처럼 몸을 잘 움직일 수 없었다. 사카모토는 납득할 만한 경기를 하지 못하고 졌다.

마닐라에서 열렸던 동아시아선수권대회에서도 결국 더위에 졌다고밖에 할 수 없다.

준결승에서 미국 선수와 만났다. 딕이라고 하는 남자였다.

"난 올림픽 국가대표였어"라는 게 그가 입버릇처럼 하는 말이었다. "몇 년이고, 몇 년이고 보트를 저었지. 이 팔 좀 봐봐. 나한테 역도 선수냐고 물어본 놈도 있었어. 그래서 말해줬지, 그 바보처럼 덩치만 큰 알렉세예프가 내 보트를 타고 있어도 이길 수 있다고."

딕은 덩치가 컸다. 키는 190센티미터가 넘는 것 같았다. 그러나 움직임은 예리했다. 벽에 부딪혀 납작해진 것 같은 공이 날아왔다. 딕은 준준결승에서 싱가포르 챔피언을 쉽게 물리쳤다.

딕과 함께 나란히 코트에 서니, 사카모토가 마치 어

린애처럼 보였다. 경기가 시작되기 전 딕은 일부러 허리를 굽혀서 악수를 청했다. 관중들의 웃음소리가 들렸다. 사카모토는 딕의 아래를 파고드는 것처럼 해서 재빠르게 공을 쳐야 한다고 생각했다.

사카모토는 그 딕을 이겼다. 1세트를 듀스까지 끌고 가서 10대8로 따내며 기세를 올렸다. 3세트는 내줬지만, 4세트에서 끝을 맺었다. 스쿼시는 3승을 먼저 따낸 자가 이긴다. 점수는 3대1이었다. 그다음 날이 결승이었다.

딕을 이긴 날 밤, 파티가 있었다. 마닐라 스쿼시 후원자들의 파티였다. 해는 떨어지는데 바람은 뜨거웠다. 결승에서 만날 스페인계 필리핀인 프레슬라 선수도 왔다. 필리핀 챔피언이었다.

필리핀 팀 매니저가 사카모토에게 다가왔.

"오늘 경기 좋더라."

"고마워."

"내일도 이겨야 해."

"……"

"이상한가? 내가 필리핀 선수가 아니라 일본 선수한테 이런 말 하는 거."

"이상하다고 할 수는 없지만—"

"너한테 걸었거든, 꽤 큰 돈을."

매니저는 엔화로 했을 때 50만 엔 정도 되는 금액을 말했다.

"그러니까 네가 이기면 원하는 건 뭐든 들어줄게."

그렇게 말하며 웃었다. 어디까지가 진심인지 알 수 없었다.

"만약 네가 진다면"이라고 말한 그 남자는, 파티장에 있는 큰 나무 한 그루를 가리켰다. "저기 매달아버리면 되니까. 하하하." 큰 소리로 웃곤 덧붙였다. "물론 농담이야."

다음 날 아침, 여전히 더웠다. 상쾌해야 할 아침 기온은 30도를 넘기고 있었다. 사카모토의 컨디션은 좋지 않았다. 저녁, 경기가 시작됐다.

1세트, 2세트 모두 듀스. 그걸 서로 하나씩 가져갔다. 3세트는 사카모토가 잡았다. 4세트는 프레슬라가

따냈다. 2대2. 풀세트 매치가 됐다. 보통 세트와 세트 사이의 인터벌은 1분이지만 파이널 세트 전에는 2분이 주어진다.

사카모토는 여기가 일본이라면 이길 수 있을 거라고 생각했다. 목욕 타월로 아무리 닦아도 땀이 쏟아져 나왔다. 속옷까지 흠뻑 젖었을 것이다. 하체에서 흘러내린 땀은 신발 속까지 스며들었다. 경기가 시작된 지 벌써 1시간이 훌쩍 넘었다.

코트에 섰다. 이번 세트를 잡으면 이긴다. 다시 서브 경쟁이 시작됐다. 번갈아 이기니 서브권을 잡는 것만으로는 좀처럼 점수 차가 벌어지지 않았다. 먼저 점수를 따기 시작한 건 사카모토지만, 프레슬라가 바짝 쫓아왔다. 스코어는 7대5, 사카모토의 리드. 이대로 계속 앞설 수 있을지도 몰랐다. 그런데 묘한 플레이가 나왔다. 프레슬라가 친 공이 확실히 아웃라인에 떨어졌다. 사카모토는 이제 이길 수 있다고 생각했다. 그러나 심판은 아웃을 선언하지 않았다.

"이게 아웃이 아니라고?"

사카모토는 고작 그 말밖에 할 수 없었다. 머릿속이 자신을 둘러싼 벽처럼 새하얘졌다. 아무 생각도 할 수 없었다. 생기를 잃은 눈을 한 프레슬라도 벽에 기대 있었다. 심판이 말했다.

"서브, 프레슬라."

발바닥이 땀으로 미끈미끈했다. 덥다. 사카모토는 생각했다. 이 벽들을 전부 치워버리고 싶어. 찬 공기가 왕창 들어올 텐데. 사카모토는 이미 지고 있었다.

파이널 세트도 듀스가 됐지만, 마지막에 점수를 낸 건 프레슬라였다. 경기 시간은 1시간 40분. 승리한 프레슬라는 그대로 코치에게 업혀 퇴장했다. 사카모토의 온몸에 소름이 돋았다. 항문이 화상을 입은 것처럼 뜨거웠다. 엄청난 열기, 그것만이 자신의 존재감을 주장하고 있었다.

어쨌든 진 건 진 거였다. 3년 전쯤의 일이다.

그에 비하면 도쿄 더위 따위는 아무것도 아니다.

우시오기는 오늘이야말로 사카모토를 이기려고 작정했는지, 연속해서 3점을 따내고도 적극적으로 공격을 해왔다.

사카모토는 피곤했다. 더위 때문만은 아닐 것이다. 어쩌면 일본에서 계속 이긴다는 것에 지치기 시작했을지도 모른다. 스코어는 5대5로 동점이었다.

긴장한 우시오기의 심장 소리가 들리는 것 같았다. 아마 우시오기는 이길 수 있을지도 모른다고 생각했을 것이다. 나쁘지 않은 생각이다. 그것도 괜찮다.

그러나 사카모토의 육체는 그의 생각과 다르게 움직인다. 지지 않으려는 것이다. 그가 무슨 생각을 하든 간에, 왼쪽 팔 근육은 격렬한 샷을 날린다. 생각을 하기에 앞서 발이 먼저 공을 향해 나가고 있다. 전면의 벽을 향해 달리면서, 상대가 어디쯤 있는지 느끼는 건 사카모토의 머리가 아니라 아마 등 근육일 것이다. 거기서 페인트를 걸면 승부가 결정된다.

사카모토는, 또 이겼다.

한 세트도 내주지 않고 말이다.

코트를 나왔다. 역시 강하다, 축하해, 같은 소리가 들린다. 사카모토는 피곤했다. 땀이 눈까지 흘러내린다. 아무 생각도 하고 싶지 않았다.

 그 순간, 그는 자신의 뇌까지 근육이 돼버렸다는 생각이 들었다.

 밤.
 집에 돌아왔다.
 스쿼시의 하루가 끝났다.
 세이코가 지친 근육을 풀어줄 것이다. 근육처럼 된 뇌는 어떻게 해야 할까. 그냥 그대로 두자. 아무튼 이겼잖아. 그거면 된다. 나는 지금 완벽하잖아.
 행복이란 건, 그런 것이다.

슬로 커브를 한 번 더

3루 쪽 관중석이 미친 듯한 함성에 휩싸인 건, 9회 말 선두 타자가 유격수 실책으로 출루한 뒤, 그다음 타자가 1-2루 사이로 빠지는 안타를 뽑아내며 마지막 기회를 잡았기 때문이다.

마운드 위의 가와바타 슌스케는 3루 쪽 응원이 시끄럽다고 느끼면서도, 동시에 적지에 올라 경기를 할 때의 마음가짐에 대해 생각했다. 상대 쪽 응원은 모두 나를 향한 응원이라고 생각하자. 이걸 되새길 수 있으니, 아직 자신은 꽤 냉정하다는 생각과 함께 너무 빨리 이겼다고 생각해버린 걸 조금 반성했다.

이바라키현의 미토시민구장. 3루 쪽에 진을 치고 마지막 공격을 하고 있는 건, 이바라키현의 히타치공업고등학교다. 스코어는 2대0, 군마현의 군마현립 다카사키고등학교가 리드하고 있다. 다카사키의 마운드를 지키는 투수가 가와바타 슌스케다. 노아웃 주자 1, 2루, 9회 말, 점수 차는 2점……가와바타는 3루 쪽이 흥분한 것도 이해가 가는 일이라고 생각했다.

어쨌든, 이 경기에서 이기면 고시엔에 가는 건 거의

확실하니까.

  1980년 11월 5일, 시곗바늘은 낮 12시를 20분 정도 지나고 있다. 오전 10시에 플레이볼이 선언된 다카사키와 히타치의 경기는 간토지방 고교야구 추계대회 준결승 첫 번째 경기였다.

  매년 봄, 고시엔에서 열리는 '선발'고교야구는, 각 현의 토너먼트 우승 학교가 출전하는 여름 고시엔과 달리, 고등학교야구연맹이 출전 학교를 지명하게 돼 있다. 그때의 가장 기초적인 판단 재료가 가을 지방대회 결과라는 건, 고교야구 관계자라면 누구나 알고 있을 것이다. 초가을, 우선 현 대회가 시작된다. 토너먼트로 진행되고 결승에 진출한 두 학교가 지방대회 출전권을 얻는다. 간토대회는, 도쿄도를 제외한 가나가와, 사이타마, 지바, 이바라키, 군마, 도치기, 야마나시까지 총 7개 현의 대표 학교가 모인다. 1980년에는, 대회를 개최한 이바라키현에서 세 학교가 나오며 간토대회에 총 15개교가 출전했다. 그리고, 이 대회에서 결승에 진출한다면, 즉 우승이나 준우승을 할 경우,

거의 자동으로 다음 해 1월 말에 발표되는 '선발' 고교 야구에 출전교로 선택받을 수 있었다.

가와바타 슌스케가 던지고 있는 준결승전의 9회 말은, 고시엔에 갈 수 있을지 없을지를 결정하는, 꽤 중요한 이닝이었다. 그러나, 그는 굉장히 냉정했다.

이럴 때 항상 그렇듯 그는 그물망 뒤쪽을 봤다.

천천히 한 사람 한 사람의 얼굴을 둘러본다. 가와바타는 어쩌면, 이라는 생각을 한다. 보는 사람들이 나보다 더 흥분한 건 아닐까. 모두 어깨에 힘을 주고 지금 이 상황을 지켜보고 있다. 그걸 보면 진정이 된다. 지금 여기 있는 누구보다 자신이 가장 냉정할지도 모른다고 생각하면, 침착해질 수 있는 것이다.

가와바타는 역전당할 거라는 생각은 하지 않았다. 오히려 어떻게든 될 거라며 별거 아니라고 생각했다.

내 공은 그렇게 쉽게 칠 수 있는 공이 아니야, 라는 자부심이 있는 건 아니다. 그런 마음은, 야구를 시작했을 때부터 야구 천재 등으로 불리다 그대로 고교야구 마운드에 오른 타고난 에이스의 심정일 것이다. 가와바타는 누가 봐도 그런 타입이 아니었다. 일단, 그는 소위 '정통파 투수' 같은 몸을 갖고 있지 않았다.

키는 180센티미터 정도, 유니폼 입은 모습도 멋지고, 얼굴에는 씩씩함이 감돌고, 눈길을 끄는 큰 투구 폼으로 프로 뺨치는 빠른 공을 보여주는 게 고시엔에 오는 에이스라면, 그는 그 모든 것과 정반대였다.

키는 173센티미터. 운동을 하는 고등학생치고 딱히 큰 편은 아니다. 몸무게는 67킬로그램으로, 몸은 굳이 말하자면, 둥그렇다. 유니폼이 잘 어울리는 편은 아닐 것이다. 얼굴은 순해 보여서, 때로는 진지하지 못하다는 말을 들을 때도 있다. 투구 폼은 이른바 변칙형이다. 중학교에서 연식야구*를 하고 있을 무렵, 언더핸드 스로였다. 그걸 오버핸드 스로로 바꾼 지 아직 1년도 채 되지 않았다. 스스로는 오버핸드로 던지고 있다고 생각하지만, 폼만 보면 옆으로 던지고 있다. 팔을 힘껏 내리기 직전까지는 오버핸드고, 그 후에는 사이

* 고무 등을 소재로 만든 공으로 하는 야구.

드암이 된다고 하는 게 맞을지도 모르겠다.

즉, 가와바타 슌스케는 스포츠 신문의 정형화된 문장으로는 표현하기가 어려운 투수였다. "큰 투구 폼으로 빠른 공을 던지는 정통파"도 아니고 "군마에는 가와바타가 있다!"고 할 수 있는 타입의 투수도 아니었다.

그 가와바타가 마운드를 지키는 다카사키는 간토 대회에 출전했고, 게다가 준결승까지 진출했고, 9회 말까지 2대0으로 리드를 하고 있었다. 고시엔 출전이 눈앞이었다.

1루 쪽 벤치에 있는 이노 구니히코 감독은, 지금까지 이겨왔고, 고시엔 출전 학교가 정해지는 이 경기에서 이기고 있는 걸 보면서도, 머릿속 한구석에서는 '이럴 리가 없다'는 생각을 하고 있다. 이노 감독은 고시엔에 간다는 게 어떤 건지 모른다. 그가 다카사키 야구부 감독을 맡은 지 아직 3개월 정도밖에 되지 않았다. 게다가, 그는 거의라고 해도 될 정도로 야구 경험이 없었다.

"고시엔에 가는 건 상상해본 적도 없다"고 자신 있

게 말하는 사람이다. '이럴 리가 없다'고 느끼는 건 자연스러운 일일 것이다.

이럴 리가 없다는 생각을 하는 건, 마운드 위의 가와바타도 마찬가지다. 고시엔에 가는 건 야구를 하는 모든 고등학생의 꿈이다. 가와바타 자신도, 같은 꿈을 갖고 있다. 그러나 그 꿈이 현실이 되기 일보 직전인 지금, 그에게는 이게 현실성 있는 일로 다가오지 않는다.

이거 진짜 만화잖아— 그는 마운드에서 그렇게 느끼고 있었다. 이게 진짜 만화라면, 9회 말에 위기를 맞긴 했지만 극적으로 마무리되며 게임이 끝날 것이다. 가와바타가 마치 남 일처럼 그렇게 생각할 때, 타석에는 긴장한 얼굴의 다음 타자가 들어섰다.

9번 타자였다. 배터리는 보내기번트가 나올 거라고 생각했다. 초구가 파울이 되자 타자는 3루 쪽 벤치를 봤다. 포수 미야시타는 빠른 공 사인을 냈다. 가와바타가 고개를 끄덕였다. 번트를 대게 하면 돼. 팔을 내릴 때, 타자가 번트 자세를 하는 게 보였다. 가와바타는 공을 던지자마자 마운드에서 뛰어내려왔다. 공은 마침 거기로 굴러갔다. 포수가 "서드!"라고 외쳤고, 가와바타는 바로 3루로 던졌다. 이렇게 1아웃이 됐다. 다음 1번 타자에게는, 오늘 경기 내내 안타를 맞은 적이 없었다. 거의 빠른 공만 던져 내야 땅볼 2개, 외야 플라이 2개를 만들어냈다.

항상 그렇지만, 가와바타는 한 경기에 몇 개 정도는 아주 느린 커브를 던진다. 스피드건으로 측정하면 시속 60~70킬로미터 정도일 것이다. 마치 어린아이가 던지는 것 같은, 산 모양의 커브다. 그 공은 타자를 놀리듯 휘청거리며 다가오고, 홈플레이트 위를 통과할 때는, 낮게 휘면서 들어온다. 치려고 들어온 타자는, 그 공을 보고 머릿속이 복잡해진다. 이 경기에서도, 가와바타는 그 커브를 14~15구 정도 던졌다. 9회 말, 이 1번 타자에게도 커브를 던져야겠다고 생각했다.

슬로 커브를 던졌을 때, 타자의 표정을 보고 있으면, 타자가 어떤 마음인지 정확하게 알 수 있어 ─ 가와바타는 그렇게 생각하고 있다.

은근히 화난 얼굴을 한 타자가 있다. 타석에서 벗

어나 아예 무시하는 타자가 있다. 슬로 커브를 치려는 타자가 있다. 무심코 웃음을 터뜨리는 타자가 있다.

왠지 타자가 흔들리는 것 같을 때가 가장 즐거워. 슬로 커브를 신경 쓰느라 집중력이 흐트러지거든. 그러다 빠른 공을 던지면, 그다지 빠르지 않더라도, 먼저 던졌던 슬로 커브와 꽤 차이가 나기 때문에, 타자한테는 빨라 보이지.

9회 말, 1아웃 1, 2루 상황에 나온 타자에게 그 슬로 커브를 던진 건, 좌타자 바깥쪽에 빠른 공을 던져 스트라이크를 잡은 다음인 2구째였다. 여느 때처럼 가볍게 곡선을 그리며 날아간 슬로 커브는 바깥쪽 낮은 곳으로 흔들흔들 떨어졌다. 주심은 그 공을 끝까지 지켜본 뒤, 고개를 끄덕이듯 '볼'이라고 말했다.

가와바타는 슬로 커브를 던지고 나면, 항상 히죽거리고 싶어진다. 스트라이크가 들어갔을 때는 대개 그렇다. 그건 "앗싸!"라며 쾌재를 부르는 웃음이 아니다. 꼴 좀 보라고 상대를 비웃는 그런 웃음도 아니다. 단지, 슬로 커브를 던졌을 때가, 가장 자신다운 것 같은 기분이 들어서다.

2구로 슬로 커브를 던진 뒤, 뜸 들이지 않고 사인대로 직구를 던졌다.

타자는 주저하지 않고, 그 공을 받아쳤다.

타구는 2루수 정면으로 날아갔다.

2루수 우에하라는 타구를 잡자마자 그대로 1루로 공을 뿌렸다.

이미 뛰어버린 주자는 다시 1루 베이스로 돌아갈 수 없었다.

병살이었다.

게임 끝.

"와아!" 가와바타 슌스케는 동그란 얼굴을 더욱더 동그랗게 하곤, 마운드 위에서 승리의 포즈를 취했다. 아악, 이라고 말로는 표현할 수 없는 소리를 내며 선수들이 달려온다.

홈플레이트 앞에 정렬해 인사를 마친 뒤, 선수들은 1루 쪽 벤치로 돌진했다.

1루 쪽에는 관중이 백 명 정도 와 있었다. 선수들의

학부모, 야구부 선배들, 응원단 등이다. 오히려 관중들이 더 흥분하고 있다.

고시엔 출전은 아무도 예상하지 못했다.

"드디어…… 드디어 고시엔에 가는구나. 아, 정말 가는 거야. 아, 이제 더는 여한이 없어……."

눈물을 흘리는 선배도 있었다.

다카사키고등학교에 야구부가 만들어진 건 1905년이다. 그로부터 76년이 지나고 있었다. 그동안 고시엔에 간 적은 한 번도 없었다. 이른바 진학교*로 불리는 학교라, 야구 명문들이 각축전을 벌이는 최근의 고교 야구에서 고시엔 출전은 쉽지 않았다. 그래서 선배들이 눈물을 흘리는 것이다.

다카사키를 졸업하고 정치인이 된 후쿠다 다케오와 나카소네 야스히로는 고시엔 출전 소식을 듣고 비슷한 생각을 했다―얼른 기부를 해야겠군.

- 대학 진학, 특히 명문대를 목표로 하는 학생이 많고 합격자를 다수 배출하는 학교를 일컫는다.

이 일을 가장 믿지 못한 건 벤치에 있던 당사자들일 것이다.

이노 감독은 벤치로 돌아온 선수들에게 잘했다고 말하면서도 얼떨떨했다. 어쨌든, 그는 야구에 관해서는 초보자다. 기쁨보다 곤혹이 앞선다. 그는 생각했다. 이거 엄청 곤란해졌는걸. 큰일이야.

투수 가와바타는 왜인지 만담 콤비 '투 비트'를 떠올렸다. TV에서 투 비트는 이렇게 말했다. "낙오자, 고시엔에서는 인기 만점." 그 말이 너무 잘 맞아떨어지는 상황이라, 무의식중에 웃고 말았다. 그게, 이 상황에서 가와바타의 머릿속에 번쩍 떠오른 거였다.

3루를 지키는 팀의 주장이자 4번 타자인 사토 세이지가 벤치에서 크게 외쳤다. "드, 드, 드, 드디어!! 이, 이, 이겼다!"

그에게는 어릴 때부터 말을 더듬는 버릇이 있었다.

그리고 모두의 소감은 이랬다.

그건 그렇다 치고, 어쩌다 여기까지 와버린 걸까.

매년, 여름 고시엔이 끝나면 다카사키 야구부는 며칠간 합숙에 들어간다.

보통 야구부는 반대로 한다. 고시엔을 목표로 여름 고시엔 직전 혹은 대회 중에 합숙을 한다. 전용 합숙소를 가진 야구부는 주전으로 나가는 선수들이 거의 1년 내내 함께 생활하며 야구를 하기도 한다.

다카사키 야구부에는 합숙소가 없다. 용품 보관소가 곧 부실이다. 교정 구석에 콘트리트를 깔고 블록을 쌓아 벽을 세운 창고가 있는데, 그 창고 왼쪽 모퉁이가 야구부의 용품 보관소 및 부실이 됐다.

부원은 스물세 명. 훈련 중에 비가 내려 모든 선수가 부실로 모여들자, 선수들의 훈김으로 방이 가득 찼다. 안 그래도 좁은 공간이라 땀내와 비 냄새마저 진동했다. 모두 모이면 옷을 갈아입을 수도 없는 곳이다.

선수들은 여기서 모여 연습한 뒤 경기에 나가고, 다시 여기로 와 해산한다. 그건 대회가 시작돼도 똑같다. 그들이 연습하는 곳은 축구부와 럭비부가 쓰는 운동장이다. 한정된 공간을 나눠서 쓴다.

여름 고시엔이 끝나고 합숙에 들어가는 건, 여태까지 주전이었던 3학년이 그때 야구부를 떠나서다. 여름이 끝나면 2학년을 주체로 한 새로운 팀이 만들어진다. 3학년에게는 마지막 뒤풀이이자, 1~2학년에게는 새로운 팀을 꾸릴 단초가 되는 시기에 여름휴가를 겸한 합숙을 하는 건, 다카사키공업고등학교와 구별하기 위해 다카사키고등학교를 '다카타카'라고 부르는 것처럼 관례가 돼버렸다.

1980년 여름, 다카타카 야구부는 고시엔 예선인 군마현 대회 8강에서 떨어졌다. 니가타현 가시와자키 근처에 있는 구지라나미 해변으로 합숙을 하러 간 건 7월 말이다. 신문에서는 매일같이 전국 각지의 고시엔 출전 학교에 대한 기사가 나왔다. 그해 여름, 고시엔의 영웅이 된 와세다실업학교 1학년 투수 아라키 다이스케의 이름은 아직 나오지 않은 때였다. 예선에서 그는 예비 투수였기 때문이다. 이때는 요코하마고등학교의 아이코 다케시를 집중 조명하고 있었다. 이러나저러나 이미 떨어진 팀에게는 그런 일이 그저 다른 세계의 이야기일 뿐이다.

구지라나미 해변에 있던 다카타카 야구부의 최대 관심사는 누가 주전이 될 것인가, 새 감독은 누가 오느냐였다.

그해 여름까지 3년간, 다카타카 야구부 감독은 일본전신전화공사의 직원이자 야구부 선배이기도 한 시마카타 아키오였다. 일을 하면서 모교 야구부를 보고 있었던 것이다. 시마카타 감독이 일 때문에 더는 감독을 맡을 수 없다는 건 선수들 모두 알았다. 9월에는 발령이 기다리고 있었다.

이번에는 교내에서 감독을 뽑아야 했다. 게다가 어느 정도 젊어야 한다. 조금이라도 야구를 알고 있는 게 좋다. 시마카타 감독 전에 감독을 했던 다카이 선생님에게 다시 감독 제안이 들어갔다. 다카이 선생님은 "힘들어서 그만둔 거라……"고 말하며, 거절했다. 또 감독을 맡는 건 벅찬 일이라고 했다.

야구부 부장인 다바타 미노루 선생님은 30대지만 야구를 해본 적이 없었다.

세계사를 가르치던 이노 구니히코 선생님에게 감독 제안이 온 건, 이노 선생님이 중학생 때 조금이지만 야구라는 걸 해봤다는 이력 때문이었다.

이노 선생님은 "야구를 한 적이 있긴 하지만"이라고 하며 덧붙였다.

"겨우 석 달밖에 안 했어요."

그는 자신이 없다며 고사했다.

아니, 기술적인 건 문제가 안 돼. 선생님은 젊으니까 학생들을 잘 다독이고 끌어주면 돼. 이노 선생님이 이런 말에 설득을 당한 건, 교내에 다른 후보가 없는 탓이기도 했다.

"경력이 없는 거나 마찬가지예요"라는 이노 선생님의 말은 겸손이 아니라 사실이었다. 36세. 태어나보니 전쟁 중, 1944년의 일이다. 중학생 시절은 1950년대 후반에 해당한다. 군마현의 간라초립 후쿠시마중학교에 다닐 때의 일이다. 다카사키역에서 조신선으로 갈아타고 30분 정도 가면, '조슈후쿠시마'라는 역에 도착한다. 후쿠시마중학교는 거기에 있었다.

이노 선생님은 "저는 원래 유도를 했습니다"라고 말했다.

"그런데 지역이 합병되는 바람에, 통학 학교가 바뀌어버렸어요. 그때까지 후쿠시마중학교에 다니던 학생의 약 절반 정도가 도미오카시 쪽 중학교에 편입됐거든요. 그렇게 학생 수가 많은 학교는 아니었어요. 학교 전체 학급이 두 개였는데 하나가 돼버렸죠. 유도부는 최소 다섯 명은 있어야 시합이 돼요. 다른 학교와 대항전을 할 수가 없는 상태였죠. 마침 그때, 야구부도 인원이 부족했어요. 야구부가 유도부에 들어가거나 유도부가 야구부에 들어가거나 둘 중 하나였죠. 그렇다면 야구를 하기로 한 것뿐이에요."

그런 팀이었으니 여러 포지션을 소화할 수밖에 없었다. 안 해본 포지션은 투수와 3루수와 우익수뿐이다. 그것 말곤 다 했지만, 그가 중학교에서 야구를 한 건, 반복해서 말하지만 불과 석 달뿐이다. 3학년 5월에 야구부에 들어가 7월에 그만뒀다. 그 석 달 동안 포지션 여섯 개를 소화했다. 극단적으로 말하면, 날마다 포지션이 바뀐 거나 다름없다. 그런 팀이었다.

그 뒤로, 그는 야구에 대해서는 까맣게 잊고 있었다. 도호쿠대학을 졸업하고 다카사키고등학교에 부임했지만, 특별한 흥미를 갖고 고시엔 야구를 본 적도 없었다. 세계사를 가르치고, 연극부 고문으로서 학생들을 가르치는 나날을 보내고 있었다. 당연히 감독은 엄두도 못 낼 일이었다. 그래도 감독을 맡았던 건, 이 팀이 현 내에서 우수한 팀이 아니었던 탓도 있다. 항상 고시엔 출전을 기대하는 팀이었다면, 그는 절대로 감독을 맡지 못했을 것이다.

그가 감독으로서 선수들 앞에 처음 선 게, 8월 8일이었다.

가장 먼저 말한 건 자신이 야구 경험이 거의 없다는 거였다. 그리고, 고등학생답게, 가슴을 쫙 펴고 거침없이 야구를 해줬으면 좋겠다고 했다. 그 정도를 말하고 나니, 더는 말할 게 없었다.

그게 새로운 팀의 첫날이었다.

그는 강팀이 되어 고시엔에 가자, 라는 말은 결코

하지 않았다. 그렇게 말했다면, 선수들은 모두 농담으로 받아들였을 것이다. 웃으면서 첫 미팅을 마칠 수 있었을 텐데도 그런 말을 하지 않았던 건, 애초에 그에게 '고시엔'이라는 단어가 현실성이 없었기 때문이다.

그로부터 한 달 반 정도 뒤인 9월 중순부터 현 대회가 시작된다. 그때까지는 주전 선수들을 정해야 했다. 동시에 야구 공부도 조금은 해야 한다.

이노 감독은 야구 기술 해설서 한 권, 도립 히가시야마토고등학교의 사토 감독이 쓴 책 한 권 그리고 '평생 포수'라는 문안이 쓰인 노무라 가쓰야의 책을 사서 읽었다. 노무라 가쓰야 책의 제목은 '적은 나에게 있다'였다. 그 말이 왠지 모르게 마음에 들었다고 했다.

스포츠 신문도 훑어보게 됐다. 프로야구 감독이 어떤 상황에서 무슨 생각을 하는지 궁금해졌다.

당시 요미우리 자이언츠의 나가시마 시게오 감독은 기사에서 매일같이 두들겨 맞고 있었다. 그의 전술은 비판을 받았고, 실제보다 더 나쁘게 보였다. 이노 감독은 그런 기사들을 읽으며 이렇게 생각했다. 나가시마 감독은 투수 교체나 선수 운용이나 안정감이 없어. 벤치에서도 계속 우왕좌왕하면서 왔다 갔다 하잖아. 그러면 안 되지. 나는 한 번 앉으면 되도록 움직이지 말자. 감독이 침착해야 팀이 흔들리지 않는 거야.

이윽고 인근 고등학교와의 연습 경기 일정이 시작됐고, 이노 감독은 그 마음가짐을 충실히 지켰다. 그는 경기가 시작되면, 대개라고 해도 좋을 정도로, 처음 앉았던 자리에서 움직이지 않았다.

미팅도 여전히 짧았다. 길어야 3분, 대개는 1분 정도면 끝이 났다. 경기 때 하는 말은 정해져 있다.

"연습 때랑 똑같이 하면 돼. 평소에 하던 야구를 해."

이 말이 매 경기마다 반복됐다. 이 밖에도 수비하고 들어올 때는 전력으로 달려오라는 등의 말도 했지만, 그가 미팅에서 하는 이야기는 대체로 포괄적인 말들이었다. 그런 종류의 훈화적인 말들을 하는 걸 좋아해서가 아니라, 야구에 관해 세부적인 이야기들을 늘어놓기에는 그의 현장 경험이 너무 없어서였다.

이전 감독 시절의 사인은 쓰지 않았다.

팀을 새롭게 시작한다는 것도 있었지만, 일단 자신부터 스스로 첫걸음을 디뎌야 한다는 생각도 컸다.

익숙하지 않기 때문에 복잡한 사인은 낼 수 없었다.

사인은 세 개만 내자.

첫 연습 경기 전에, 이노 감독은 선수들을 모은 뒤 말했다.

"번트, 도루, 히트 앤드 런이다. 나머진 사인 없다."

사인 내는 방식 역시 복잡하지 않았다. 감독이 유니폼의 특정 부분을 만지는 게 사인이었다. 예를 들면, 모자를 만졌을 때는 번트, 가슴을 만졌을 때는 도루…… 이런 식이다. 진짜 사인을 숨기기 위해 현란하게 여기저기를 만지는 사인이 아니다.

그래도, 실수가 나왔다.

주자가 나갔다. 이노 감독은 여기서 신중하게 공격해야 한다고 생각하며 사인을 내지 않았다. 그런데—주자가 혼자 달리더니 도루를 해버렸다. 결과는 태그아웃. 벤치로 온 선수는 주눅 든 얼굴도 아니었다.

"갑자기 왜 뛴 거야?"

감독이 물었다. 아웃된 선수는 어리둥절한 얼굴로 말했다.

"왜라뇨, 사인이 나왔으니까 뛰었죠."

"도루 사인 낸 적 없어."

"아니, 나왔다니까요."

"3루 쪽에서 보고 있었을 테니까 물어보자."

3루 코치박스에 서 있던 선수는 당연한 표정으로 이렇게 말했다. "선생님, 도루 사인 내셨잖아요."

"………"

할 말이 없었다.

무의식중에 도루를 가리키는 유니폼 부분을 만졌던 모양이었다. 아마 경기에 푹 빠져 있었던 것 같다.

그 일 이후, 이노 감독은 벤치에서 더욱더 쓸데없이 움직이지 않았다.

그는 고시엔에 나왔던 미노시마고등학교의 비토 감독을 기억하고 있었다. 명장으로 불리며 승승장구하는 팀을 만든 감독이다. 비토 감독은 벤치 중앙에 우두커니 앉아 침착하게 경기를 봤다. 어떤 장면이 펼쳐도 차분한 표정으로 학생들의 야구를 지켜보고 있다.

그 노선을 따르면 되지 않을까.

이노 선생님은 그렇게 생각했다.

이런 이유로, 벤치에 조용히 앉아 있는 감독이 탄생한 것이었다.

투수 가와바타 슌스케는, 자신이 에이스가 될 수 있을 거라는 생각을 해본 적이 없었다.

1980년 여름 고시엔이 끝날 때까지 그는 팀의 3선발이었다. 3학년 에이스가 1선발이었고, 2선발은 가와바타와 같은 2학년인 사쿠라이였다. 사쿠라이는 좌투수로, 유형을 따지자면 강속구 투수다. 치는 것도 던지는 것도 즐기는 타입의 투수. 그대로 시간이 흘렀다면, 마운드를 지킨 건 사쿠라이였을지도 모른다.

가와바타는 다카사키시립 제일중학교에 다닐 때부터 투수를 했다. 언더핸드였다. 좋을 때는 학교 성적이 10등 안에 들기도 했다. 하지만 야구에도 공부 이상으로 자신이 있었다.

다카타카 근처에는 '농2'라 불리는 도쿄농업대학제2고등학교가 있다. 여기 야구부가 강팀이라는 얘기를 들었다. 고시엔에도 출전해본 학교였다. 가와바타는 거기서 입단 제안이 오면 들어갈 생각을 했던 적도 있다. 그러나 머지않아, 남몰래 갖고 있던 자신감은 그저 주관적인 판단이었다는 걸 깨달았다.

"입단 제안 같은 건, 한 군데서도 오지 않았다"는 게 그 이유였다.

다카타카 야구부에 들어가서도 언더핸드인 가와바타는 그다지 주목받지 못했다. 왼팔로 공을 내리꽂는 사쿠라이의 빠른 공 쪽이 훨씬 더 많은 관심을 받았다.

가와바타의 투구 폼이 변한 건 2학년이 되고 나서였다. 한 야구부 선배가 언더핸드 스로를 그만두고 위에서 던져보라고 했다. 그리고 커브 던지는 법을 알려줬다. 거기에는 슬로 커브도 포함돼 있었다.

포인트는 말이야—라고, 그 선배가 말했다.

"홈플레이트 위에서는 반드시 존의 낮은 쪽으로 들어가야 한다는 거야. 슬로 커브가 높은 쪽으로 들어가면, 무조건 맞아. 바운드가 돼도 괜찮으니까 낮게 던져야 해. 이건 스트라이크가 안 돼도 돼. 그래야 타자의 타이밍을 뺏을 수 있고, 그래야 치려는 마음을 꺾을 수 있어."

듣고 보니 확실히 그런 것 같았다.

가끔 빠른 공을 던지다 아주 느린 커브를 던져봤다. 타자는 타이밍을 다시 생각할 수밖에 없다. 무리하게 치려고 하면 내게 밸런스가 무너져 공이 방망이 끝에 맞아 파울이 되거나 내야 땅볼이 됐다. 그냥 흘려보냈는데 스트라이크가 되면, 타자는 찜찜한 상태가 되고 만다.

안 그래도 고교야구는 오로지 기본에 충실한 배팅을 한다. 그건 나쁜 게 아니지만, 정석적인 야구만 하기 때문에 일반적인 공이 오면 잘 쳐도, 예상에서 벗어난 공이 오면 타자들은 당황하게 된다. 무리하게 치려고 하면, 단번에 밸런스가 무너지는 것이다.

던지는 가와바타 역시, 폼이 조금은 무너진다. 팔을 휘두르기 전에 몸이 먼저 나가서, 공을 뿌리고 나면 앞으로 고꾸라질 것 같다. 아이고, 하면서 두세 걸음

걸어나가는 모습이 된다. 겨우 원래 자세로 돌아올 때쯤, 공이 홈플레이트에 도착한다.

슬로 커브가 원하는 곳에 들어가고, 오버핸드 스로 같은 사이드 스로에도 익숙해지자, 가와바타는 타자와 붙는 게 재밌어졌다.

피칭에 완급을 주며 과감하게 코너를 노리면 맞는 일이 없었다.

"아마, 고교야구의 일반적인 수준이 그 정도일 것 같아요"

라고, 가와바타가 말했다.

큰 폼으로 던지는 강속구 투수는, 어떻게든 손목 스냅으로 제구를 잡으려 한다. 가와바타는 "그건 컨디션에 따라 기복이 있다"고 생각한다. 빠른 공이 이상할 정도로 코너에 잘 들어갈 때도 있지만, 제구가 흔들리는 날은 어쩔 도리가 없는 상황이 만들어지곤 한다.

그는 생각했다. 나는 오히려 제구만큼은 확실한 유형의 투수가 더 잘 맞지 않을까. 물론, 자신은 이런 타입의 투수밖에 되지 않는다는 걸 충분히 알고 있던 탓

이기도 하다.

자신에게 구위로 밀어붙이는 피칭이 전혀 어울리지 않는다는 것 정도는 알고 있었다. 슬로 커브를 던질 때의 자신을 떠올리면 이상하게 기분이 좋았다. 자신의 손을 떠나 흔들흔들 홈플레이트를 향해 가는 공이 마치 자신처럼 느껴져서였다.

"왜 야구를 계속하냐면요, 타성이에요, 타성."

가와바타는 이렇게 말한다.

그는 힘든 훈련을 싫어한다.

일단 달리기가 싫다. 베이스 러닝이라는 말만 들어도 진절머리가 난다고 한다. 발도 느리다. 100미터 달리기를 하면 16초05로도 끊지 못한다. 아마 팀에서 가장 느린 기록일 것이다. 아주 조금이라도 시간을 줄여보려는 의지조차 별로 없다. 빠르면 빠를수록 좋다는 건 알지만, 아무리 달려도 빨라지지 않으니 어쩔 수 없다고 생각한다.

그는 투수라는 특권을 이용해 적당히 뛰다 피칭 연습을 한다. 자연스럽게 던지는 시간이 길어진다. 그걸 보고 있자면, 피칭 연습을 열심히 하는 것처럼 보인다.

"그런데 실은 러닝을 땡땡이치는 거거든요."

가와바타는 농담도 진담도 아닌 듯, 말한다.

집에 가면 스윙 연습을 한다―그게 야구에 열심인 소년의 모습일 것이다. 그렇다면, 가와바타는 그런 소년이 아니다. 스윙을 해도, 금방 지루해진다고 한다. 훈련이 없는 휴일에는 집에서 잠옷을 입은 채 하루 종일 뒹굴뒹굴하는 경우가 많다. 피곤한 건 싫다. 즉, 가와바타는 게으른 소년이다. 그건 인간이 취할 수 있는 하나의 태도에 불과한 것일 수 있지만, 어떤 태도를 취하느냐 역시 그 인간의 정체성 중 하나일 것이다.

그의 방에는 야구에 관한 것, 예를 들면 포스터나 사진이나 학교를 상징하는 삼각기 같은 건 하나도 없다. 유일하게 갖고 있는 건 1980년 간토대회 입장식 때 썼던 학교 패널panel이다. 그게 2,500엔이라는 걸 들었을 때, 그는 그 정도의 가치는 없다고 생각했다. 사라고 한 건 가족들이었다.

그 패널 단 하나가, 때로는 위화감을 풍기며 가와바

타 슌스케의 방에 한 자리를 차지하고 있다.

그는 주위를 압도할 정도로 투지를 가득 담아 힘껏 던지는 일이 없었고, 그런 투수가 될 생각도 안 했다. 혹독한 훈련을 견디고 버텨내서 힘을 키우려는 생각도 없었다.

"위기가 오면……" 하고 가와바타 슌스케가 말했다.

"도망가면 돼요."

무리하게 자신을 억누르지 않겠다는 그 자세에서, 1963년에 태어나 지극히 평범하게 공부하며 나름대로 우수한 성적을 거두고, 생활의 전부가 아니라 일부로 야구를 하는 고등학생의 더없이 자연스러운 마음의 조각이 느껴진다면, 너무 지나친 걸까.

그의 입에서 "열심히 하는 건 안 멋있어요. 일단, 좀 부끄럽잖아요"라는 말이 나와도 이상하지 않다.

그는 가쿠게이대학 체육학과에 가려 한다.

"거기는 고시엔에 나가면 가산점을 주더라고요."

그는 당연하다는 듯, 자신의 야구 커리어를 활용하려 하고 있었다. "아니면 아오야마가쿠인대학 근처에서 놀고 싶어요."

―그는 인생도 슬로 커브처럼 완만하고 부드러운 곡선을 그리며 살아가고 싶은 사람이었다.

8월부터 시작되는 연습 경기와 신인전을 소화하면서 가와바타는 다카타카 야구부의 에이스가 돼갔다.

9월 20일. 간토대회의 전초전이 되는 현 대회가 시작했다.

신인전 성적이 좋았던 다카타카 야구부는 시드교가 되었기에, 9월 20일 경기는 2차전이었다. 상대는 누마타고등학교. 누마타 역시 신인전에서 좋은 성적을 거뒀다. 다카타카가 그런 누마타를 이길 수 있었던 건, 8월에 열린 신인전에서 맞붙어 이겨본 적이 있다는 상대 전적 때문만은 아니었다.

누마타고등학교의 쓰노다 감독은 다카타카가 뭘 할지 알 수 없는 팀이라고 생각했다.

다카타카의 감독이 감독으로서 생초보였기 때문이다. 이론 같은 건 무시하고 공격하는 건 아닐까, 정통

고교야구를 하는 건 아닐까…… 쓰노다는 여러 가능성을 생각하며 경계하고 있었다.

예를 들면, 4회 말 다카타카의 공격 때가 그랬다. 선두 타자였던 5번 타자 사쿠라이가 볼넷으로 출루했다. 다음 타자는 가와바타였다.

이노 감독은 초구부터 번트 사인을 냈다. 어쨌든 주자를 2루에 보내려는, 지극히 상식적인 작전이었다. 스코어는 0대0, 선취점을 내야 한다는 생각뿐이었다. 이론대로.

이 상황에서 확실하게 번트를 대 주자를 보냈다면, 누마타의 쓰노다 감독도 고민에 빠지진 않았을 것이다.

가와바타는 번트 사인을 놓치며, 스트라이크였던 초구를 그대로 흘려보냈다. 번트 사인이 나왔다는 걸 눈치채지 못한 타석의 가와바타는 태연했다.

이때부터 쓰노다 감독은 미치고 팔짝 뛰는 상태가 됐다.

2구째 공도 그냥 보낸 가와바타에게, 3구째에 다시

번트 사인이 나왔다. 가와바타가 번트를 댔지만 파울이 됐고, 공은 그라운드에 나뒹굴었다. 다카타카 벤치에서는 '저 얼빠진 놈!'이라고 생각했지만, 누마타 벤치는 그 사정을 알 수 없었다. 주자를 보낼 거면 초구부터 번트를 대면 되는데 상황을 보고 있잖아…… 여기서 또 어떻게 나올지 몰라. 그런 생각을 하게 된 것이다.

4구째는 커브였다. 가와바타는 가볍게 배트를 휘둘렀다. 타구는 휘청휘청 날아올랐고 약간 앞에서 수비를 하던 1루수 뒤쪽으로 떨어졌다. 그사이 1루 주자는 3루에 들어가 노아웃 1, 3루가 됐다. 번트 사인을 놓친 게 오히려 기회가 된 셈이었다.

누마타 벤치는 이제 스퀴즈를 하려나 싶어 경계하고 있었다. 어쨌든 선취점을 따내려면, 스퀴즈라는 방법이 있다. 무엇을, 어떤 타이밍에 해버릴지 모르는 팀이니까…… 하고 누마타 벤치는 너무 많은 생각을 해버린다.

다카타카의 이노 감독은 스퀴즈 같은 건, 전혀 생각하지 않았다.

스퀴즈를 했을 때, 성공 확률은 반반이잖아. 그냥 치는 편이 나아.

안타를 칠 확률이 5할 이상이 될 일은 없을 텐데, 감독은 자신 있게 그런 생각을 했다. 그런데 이노 감독의 이 강공책이 성공한다. 7번 타자 이와이가 친 타구는 1-2루 간을 뚫었고, 이렇게 1점이 들어왔다. 야구는 우연의 게임이고, 때로 우연은 종종 성공을 물고 오기도 한다.

몇 가지 우연이 겹치자, 누마타 벤치는 종잡을 수 없이 공격해오는 다카타카가 상대하기 어려운 팀이라고 느낀다. 그 이닝에서 또 하나의 안타가 나오며, 다카타카는 총 3점을 냈다.

다카타카는 6회와 8회에도 주자가 나가며 기회를 잡았고, 그때마다 다음 타석에 들어선 타자에게 보내기번트 사인을 냈다.

이노 감독으로서는 주자가 나갈 때마다 득점권으로 보내기 위해 확실하게 번트를 지시했지만 작전이 실패했고, 그가 신인 감독이라는 점 때문에 의도치 않게 상대를 혼란에 빠뜨린 셈이었다.

"정신을 차려보니 다 끝나 있었어요."

경기가 끝난 뒤 쓰노다 감독은 이렇게 말했다.

투수 가와바타가 던진 총 124구 중 45구 정도가 커브였고, 그중 많은 공이 슬로 커브였다.

예를 들면, 그건 이런 식이었다.

3회 말. 누마타의 1번 타자 사사카와가 타석에 들어섰다. 9번 타자가 가와바타의 빠른 공에 헛스윙을 하며 삼진으로 물러난 뒤였다.

가와바타는 초구부터 아주 느린 커브를 던졌다. 타자는 두둥실 떠오르며 높게 오는 것 같은 공을 눈으로 좇았다.

그냥 흘려보내려는데, 그 공이 흔들흔들 우타자의 몸쪽 낮은 존 모서리로 스르르 빨려 들어왔다. "스트라이크!" 주심은 천천히 외쳤다.

가와바타는 마운드에서 싱긋 웃었다. 동그란 얼굴이 더욱더 동그래졌다.

그는 2구째 역시 슬로 커브를 던졌다. 이전 공처럼

곡선을 그리며 날아간 공은, 흘러가듯 바깥쪽으로 떨어지면서 낮은 쪽에 꽉 차게 들어갔다. "스트라이크!" 공을 던진 뒤 투구의 행방을 확인한 가와바타는 또다시 싱긋 웃어 보였다.

게다가 3구째, 그는 또다시 슬로 커브를 던졌다. 볼 카운트가 몰려 초조한 채로 기다리던 타자는 떨어지는 공을 쳐버렸다. 타구는 땅볼이 되어 3루 앞으로 굴러갔다. 주장 사토는 그 타구를 어렵지 않게 처리했다. 타자 입장에서 보면, 빠른 공을 쳐서 아웃되는 것보다 더 타격이 클 수밖에 없다.

가와바타는 "피칭은 흥정이에요"라고 말했다. "타자와 흥정만 잘해도, 고교야구에서는 어느 정도 위치까지는 갈 수 있지 않을까요. 머리를 써서 생각을 하면 돼요."

그다음부터는 제구만 되면 어떻게든 할 수 있다고 그는 말한다. 그냥 무작정 달려들어서 한다고 되는 게 아니다…….

그렇게 말하면서도 가와바타 머릿속에서 그려지는 야구팀이란, 1년 내내 합숙을 하며 훈련하는 팀이다.

"하지만 그렇게 야구만 하면 지쳐버려요. 똑같은 일을 반복해서 하면 작업 능률이 떨어지는 것과 비슷하죠. 저는 단시간에 집중해서 해도 같은 효과를 얻을 수 있다고 생각해요."

다카타카 야구부도 예전에는 훈련을 많이 하는 팀이었다. 당연히 달리기도 많이 했다. 그것 때문에라도, 가와바타는 몇 번인가 그만두려고 생각한 적이 있다. 야구를 타성적으로 하고 있다는 건, 그런 시기에 품게 된 감정이다. 그 뒤로, 다카타카 야구부는 오히려 훈련을 선수 자율에 맡기는 팀이 됐다. 팀의 훈련 기조 변화와 가와바타의 실력이 좋아진 건 궤를 같이한다.

달리기를 싫어하는 가와바타는 당연하게도 에가와 스구루*의 팬이다. 달리기를 잘 못한다, 너무 뚱뚱하다, 대충 던진다…… 에가와에게 그런 얘기가 따라

---

* 고교야구와 대학야구에서 괴물 투수로 불리다 요미우리 자이언츠에서 뛰었던 선수로, 1981년에는 다승왕, 승률왕, 최우수평균자책점, 최다탈삼진, 최다완봉 등 투수 부문 5관왕에 오르며 센트럴리그 MVP를 받기도 했다.

다니기에 그를 좋아하는 것이다. 가와바타는 에가와가 타자에 대해 굉장히 많이 공부하는 투수라고 생각한다. 끊임없이 타자에 대해 생각하기 때문에 모든 타자에게 똑같은 패턴으로 던질 수 없는 것이다. 누구에게나 똑같이 전력으로 던지다니, 그건 마치 힘을 최대한으로 설정해놓은 피칭머신 아닌가. 그런 건 재미없다. 타자를 공부하고 연구하기 때문에 타자가 어떻게 칠지에 대한 가설을 세우고, 그 가설을 증명하기 위해 던진다. 가끔은 그게 들어맞지 않을 때도 있겠지만.

가와바타는 에가와가 그런 유형의 투수가 아닐까 생각했다. 에가와는 자신에 대해서도 잘 알고 있을 것이다. 그래서 투구 패턴이 단조롭다거나 성의가 없는 투구라는 말을 들으면 틀림없이 화를 낼 거라고 생각한다. 에가와는 이기적일 정도로 자기 페이스를 고수하고, 그렇기에 지금 그가 자이언츠에 있을 수 있는 것이다. 가와바타는 그것마저 진정으로 인정하고 싶다고 생각한다. "자신을 잃어버린 채, 남들과 똑같이 살아가는 사람은 매력적일 수 없어요."

하라 다쓰노리*는 흐뭇한 미소를 지으며 자이언츠에 들어왔다. 그 모습을 본 가와바타는 점점 더 에가와를 좋아하게 됐다고 했다.**

이런 인간은 틀림없이 소수에 속한다. 굉장히 비뚤어져 있다. 그러나 비뚤어졌기 때문에, 그는 그저 그

- 1981년 요미우리 자이언츠에 입단한 선수로, 은퇴 후 자이언츠에서 도합 열일곱 시즌 동안 감독을 맡기도 했다.
- 에가와 스구루는 대학 진학 및 원하는 구단 입단을 이유로 두 번이나 지명을 거부했다. 대학을 졸업하고 미국으로 건너갔던 에가와는 1978년 급히 귀국해 드래프트 하루 전, 드래프트 대상 외 선수 신분으로 요미우리 자이언츠와 계약하게 된다. 당시 야구 협약의 허를 찌른 계약이었기에, 센트럴리그 협회장은 이 계약을 무효라 선언하며 자이언츠의 선수 등록 신청을 각하했고 자이언츠는 항의의 표시로 드래프트에 참여하지 않았다. 이에 다른 구단들도 에가와를 1순위로 지명했고, 추첨으로 교섭권을 얻은 한신 타이거즈가 에가와와 계약하게 된다. 그러나 자이언츠는 자신들이 참여하지 않은 드래프트는 무효라며 리그 탈퇴까지 거론하는 등 에가와 지명 철회를 강하게 요구했고, 이듬해인 1월 에가와 스구루는 결국 자이언츠의 고바야시 시게루와 트레이드되어 자이언츠 선수가 된다. 이 사건으로 인해 언론과 팬들뿐만 아니라 동료들 역시 그와 거리를 둬 고립무원의 상태였다고 한다. 그리고 2년 뒤인 1981년, 대학 친구였던 하라 다쓰노리가 자이언츠에 입단하는데, 순탄한 프로 입단과 밝은 모습 등으로 에가와와 많은 대조를 이뤘던 것으로 보인다.

런 고교야구 선수처럼 땀과 눈물만으로 고시엔을 꿈꾸지 않는다.

현 대회 3차전에서는 군마이쿠에이고등학교와 붙었다. 다카타카는 13대0으로 7회 콜드게임 승을 거뒀다. 가와바타는 5회까지 2피안타만 기록하며 상대 타선을 틀어막았다. 총 투구 수 84개, 그중 슬로 커브는 12개였다.

준결승 상대는 다카사키상업고등학교였다. 여기서 이기면, 간토대회에 나갈 수 있었다.

다카사키상업은 공을 기다리지 않고 공격했다. 가와바타의 공은 빠르지 않기에 보기엔 쉽게 칠 수 있을 것 같다. 상대는 빠른 카운트부터 스윙을 했다. 가와바타가 고작 공 4개로 끝내는 이닝이 있을 정도였다.

"코너워크만큼은 자신 있기 때문에, 계속 맞는 일은 없다고 생각해요. 맞춰도 괜찮다는 마음으로 타자 몸쪽에 꽉 찬 공을 던지면 됩니다."

다카타카는 경기 전반에 낸 3점을 지켜냈다. 이렇게 간토대회 출전권을 따낸 셈이었다.

시합 전 미팅 때, 이노 감독은 평소와 달리 꽤 구체적인 지시를 내렸다. 이런 내용이었다.

"오늘은 TV 중계가 되는 날이다.

다들, 좋은 얼굴로 플레이해야 된다."

그런 얘기를 할 수 있었던 건, 이제는 질지도 모른다는, 아니 져도 좋다는 마음이 어딘가에 있었기 때문이었을 수도 있다.

이노 감독은 준결승에 온 것만으로도 만족스러웠다. 여름대회에서는 8강에서 떨어진 게 다다. 그걸 뛰어넘는 성적을 남긴 셈이었다. 간토대회에 나가지 못해도, 일단 만족스러운 성적이라고 할 수 있었다.

그러나 경기의 주도권을 잡은 건 다카타카였다. 다카사키상업은 경기 후반에도 여전히 빠르게 승부를 했지만, 가와바타를 무너뜨리지 못했다. 가와바타도 크게 무너질 것 같지는 않았다. 1시간 반 정도 뒤, 경기는 싱겁게 끝났다. 스코어는 3대0. 가와바타는 9이닝 동안 87구를 던졌다. 그중 커브는 13개였다.

기뻐하는 선수들을 보며 곤혹스러워한 건 감독과

야구부 부장이었다. 간토대회는 이바라키에서 열린다. 숙박을 해야 하는 원정이다. 그러나 다카타카 야구부의 1년 예산은 45만 엔밖에 되지 않았다. 보통 그 돈은 선수들에게 필요한 용품 구매 등 자질구레한 경비로 사라진다.

다카사키상업을 이기며 간토대회 출전은 확정됐지만, 그다음 날에 펼쳐질 요시이고등학교와의 결승전 역시 질 수 없는 경기였다. 이미 간토대회에서의 대진이 정해진 터라, 요시이에게 지면 간토대회 2차전에서 지바현의 강호인 인바고등학교와 맞붙게 돼서였다. 요시이를 이기면 비교적 쉬운 팀과 붙을 수 있었다—요시이와의 경기 결과에 따라 간토대회 대진이 달라진다는 걸 생각하게 된 건, 다카타카가 승리라는 파도에 올라타 이미 간토대회에서도 이길 생각을 하고 있었다는 것이다.

이노 감독은 "끝까지 실점하지 않았기 때문에 이길 수 있었던 것 같다"고 말했다. "끈질기게 틀어막는다. 그러다 보면 저쪽 팀이 흔들릴 때가 온다. 그러면 우리가 이깁니다."

그렇게 분석하면서도 그는 얼른 이렇게 덧붙이는 걸 잊지 않았다. "대진운도 좋았고요."

즉, 비교적 쉬운 팀과 붙어왔다는 말이다.

현 대회 결승은 접전이었다. 1대1 동점인 채 9회 말까지 갔다. 다카타카는 실책으로 출루한 주자를 내야 안타 하나로 홈까지 불러들였다. 이기긴 했지만, 여러모로 찜찜한 경기였다.

팀의 주장이자 4번 타자인 사토 세이지가 말했다.

"우리 팀은, 아직 홈런을 두 번밖에 못 쳤어요. 그중 하나는 좌익수 쪽 관중석이 없는 구장에서 외야를 빠져나간 그, 그, 그라운드 홈런."

다른 하나는 도네가와상업고등학교와의 경기에서 나온 것으로, 이때는 외야수의 수비 위치 바로 뒤가 펜스였을 정도로 작은 구장이었다고 한다.

이 팀은, 장타력이라는 말과도 무관했다.

11월 2일 미토시민구장에서 열린 간토대회 1차전,

미토농업고등학교를 8대0으로 물리친 뒤 다바타 야구부 부장과 이노 감독은 학교에 전화를 걸었다.

"이겨버렸어요."

"그렇구나, 이겨버렸구나······."

수화기 저쪽에는 교장이 있다. 두 사람 모두 기쁨과 당혹스러움이 반쯤 섞여 있었다.

"저, 그래서, 그 문제가······"

"알고 있어. 얼마나 필요할까."

"이제 거의 안 남았어요."

"음······ 어떻게든 해보자고."

다카타카 야구부는 10월 31일부터 미토에 와 있었다. 11월 1일에 훈련이 잡혀 있어서였다. 숙소는 11월 2일까지만 예약을 해둔 상태였다. 그런데 기간이 늘어났다. 2차전은 11월 4일로 예정돼 있었다. 최소한 이틀은 더 머물러야 했다. 일단 도착한 돈은 80만 엔이었다.

숙소로 돌아갔더니 이겼다는 걸 알고는 "잘됐네요"라고 말하면서도, 곤란해했다. 다른 예약이 있어 쓰던

방들을 그대로 쓸 수는 없었다. 다른 곳을 갈 수도 없었다. 방 배정을 바꿔, 전보다 좁은 방을 쓰는 걸로 마무리 지었다.

이노 감독은 집에 전화를 걸었다―"좀 길어질 것 같네. 속옷 좀 보내줘."

그는 애초에 이틀 치 짐만 갖고 왔다.

모처럼의 간토대회라는 이유로, 버스 네 대를 채울 만큼의 선배들과 학부모들이 모였다. 응원단이 버스 네 대를 채운 건 이례적인 일이었다. 다카사키에서 미토까지 가는 길은 4시간 남짓. 예정된 경기 시각은 오후 1시였다. 그 시간에 맞추려면 아침 8시 전에는 다카사키를 떠나야 한다. 그래도 버스가 꽉 찰 정도의 사람들이 와줬다. 지금 이 경기를 보지 않으면, 앞으로 볼 기회가 거의 없을 거라고 생각해서였다.

아마 가장 침착했던 건 선수들이었을지도 모른다.

투수 가와바타는, 결승을 대비해 약 일주일 치의 짐을 싸왔다. 할 수 있는 한 최선을 다해 이기겠다는 생각으로 임해야 했다.

다카타카의 타선은 1회 초부터 승리를 결정짓다시피 했다. 1번 타자인 스가와라가 중견수 앞으로 안타를 쳤고, 2번 우에하라가 보내기번트를 대고, 3번 미야시타가 볼넷을 골라 출루하고, 4번 사토가 삼진으로 물러났지만, 그 후 5번 이와이, 6번 사쿠라이까지 연속 안타를 쳤다.

"3루타가 두 번 연속 나오다니 ―"

감독은 팀 결성 이후 처음 있는 일이라고 했다. 뒤이어 안타가 두 개 더 나왔다. 이렇게 4점. 이후, 가와바타는 2아웃에서 안타를 하나 맞았지만, 포수 미야시타가 주자의 도루를 막았다. 이걸로 완전히 시시한 경기가 돼버렸다. 9이닝까지 책임진 가와바타의 총 투구 수는 91개. 완봉승이었다.

2차전은 쉽지 않았다. 상대는 고쿠가쿠인도치기고등학교. 1회 말, 가와바타는 2루타와 실책, 1-2루 간 적시타로 1점을 내줬다. 3회 말에도 피안타 두 개를 기록하며 역시 1실점을 했다. 긴 경기가 되고 말았다. 두 팀 모두 거의 이닝마다 주자를 내보냈다. 보통 1시간

반에서 2시간이면 끝나는 경기가, 이날은 3시간 5분 동안 진행됐다.

그러나 가와바타는 상대가 치려는 공을 쉽게 던져주지 않으려 했다. 1회와 3회, 상대가 그의 빠른 공을 치자 경기 중후반부터는 커브를 많이 던졌다. 4회에는 공 19개 중 10개가 커브였다. 맞을 것 같으면 바로 피칭 패턴을 바꾼다. 그러다 맞으면 도망간다. 상대가 움찔하면 다시 밀어붙인다. 가와바타는 부드럽고 매끄럽게 위기를 피했다. 그는 현 대회, 간토대회를 통틀어 피홈런이 없었다.

"도망가다 보면, 언젠가 기회는 오기 마련이에요."

그는 그렇게 생각했다.

6회 초, 그 기회가 왔다. 데드볼로 출루한 주자를 안타로 연결, 2아웃 이후 안타가 2개 나왔고 실책 하나가 겹쳐 3점을 얻었다. 다카타카는 이렇게 역전을 했다.

고쿠가쿠인도치기가 더 따라잡으려고 했지만, 경기는 완전히 가와바타가 끌고 가고 있었다. 그는 "타자와 흥정하는 데는 여러 수법이 있다"고 말했다.

예를 들어 — 타자가 타석에 들어선다.

"헬멧을 쓰고 인사를 하거나 할 때, 이마 양옆을 손으로 쓱 훑는, 그런 타자가 의외로 많아요. 저를 빤히 쳐다보면서요. 무시하지 말라는 뜻이랄까요. 그럴 때 일부러 빙긋 웃어주는 거예요. 아무 의미 없이요. 가끔은 비웃는 것 같은 웃음을 짓기도 해요. 그럼 타자들은 묘하게 신경을 쓰는 것 같더라고요."

포수가 사인을 낸다. 던질 공은 이미 정했지만, 계속 고개를 젓는다. 포수가 사인을 내지 않을 때조차 고개를 젓기도 한다. 그러면, 타자는 애가 탄다. 피칭을 하기 전, 마운드의 모래를 가볍게 집어 날려본다. 바람의 방향을 보는 척하며 시간을 버는 것이다. 마운드 위로 포수를 부르기도 한다. 뭔가 중요한 이야기를 하는 것 같지만, 사실 '거의'를 붙여도 될 정도로 야구에 관한 이야기는 하지 않는다고 한다.

긴박한 상황에서, 가와바타가 포수를 부른다. 그러곤 말한다.

"나는 왜 여자친구가 안 생기는 걸까?"

또 다른 날은 이렇게도 말했다.

"지금 라멘 먹으면 맛있을까?"

포수는 진지한 얼굴로 대답했다. "커피 마시면 좋겠는데."

그렇게 타자를 혼란스럽게 해놓고는 둥근 곡선의 커브를 던진다. 타자가 움찔하는 곳에, 몸쪽으로 파고드는 스크루볼 느낌의 빠른 공을.

고쿠가쿠인도치기를 이기고 숙소로 돌아간 뒤 감독은 모든 선수에게 휴식을 줬다. 가장 피곤했던 건 감독일지도 모른다. 그날 밤, 저녁 식사를 끝내고 감독이 말했다.

"긴장 그만하고 좀 쉬고 싶다. 장기자랑이라도 해볼래?"

그다음 날, 다카타카는 히타치공업고등학교와의 준결승에서 승리를 거두고 고시엔 출전을 거의 확정했다.

인바고등학교와 치르는 결승에서 이길 생각이었냐고 물으면, 가와바타는 아니라고 대답했을 것이다. 감독도, 선수들도, 인바를 이기지는 못할 거라고 생각할 수밖에 없었다.

그들이 연습하는 걸 봤기 때문이다. 이노 감독은 인바는 움직임 자체가 다르다고 생각했다.

"좋은 타구가 날아갔어요. 우리 팀 상식으로는 분명 안타성 타구였는데 잡아버리더라고요. 다들 몸도 탄탄하고, 거의 프로였어요."

경기 시작 전 선수들이 정렬하자 체격 차이가 확연했다. 벤치에서 보면 작은 선수와 큰 선수가 줄지어 서 있는 저편에, 체격이 큰 인바 선수들이 보였다.

인바에는 이미 프로에서 관심을 보이는 포수 쓰키야마 에이주가 있다. 3번 타자다. 공수 모두에서 존재감이 큰 선수다.

쓰키야마는 이런 선수였다.

수비를 하는 이닝이다. 그는 투수가 마운드에서 피칭 연습을 할 때 함께한다. 그러다 투수의 마지막 공을 2루로 던진다. 그때 2루수는 굳이 2루 베이스 뒤쪽에서 기다리고 있다. 쓰키야마는 그 2루수에게 화살

같은 송구를 해 보인다. 보라고 던지는 것이다. 쓰키야마의 엄청난 어깨에 상대는 기가 죽고 만다.

다카타카의 선배들은 "콜드게임으로 지지는 말라"고 했다. 결승전이라 콜드게임은 없다. 몇 점을 내주든 9회 말까지 해야 한다. 선배들은 농담 삼아 한 말이었지만, 그 말에는 묘하게 현실감이 있었다.

가와바타는, 그 쓰키야마와 붙어보고 싶다고, 남몰래 생각했다.

가와바타 입장에서 쓰키야마는 자신과 극단에 있는 선수이자 고등학생이었다. 쓰키야마를 보러 벌써 스카우트가 몇 명이나 다녀갔을 것이다. 스카우트들을 의식하며 타석에 선 적도 있을 것이다. 그리고 멋지게 안타를 쳐낸 적도 있겠지. 머지않아 프로에 갈 것이다. 쓰키야마는 야구를 함으로써 인생을 직선으로 곧게 걸어가는 타입일지도 모른다. 가와바타는 완전히 반대였다. 그는 언제나 주목받지 못하는 투수였다. 마운드 위에 있을 때 그는 문득 이런 생각을 했다. 우리 포수 미야시타한테도 여자친구가 있네. 1루수는 어떻더라? 재도 분명 있을 텐데. ……2루수, 3루수, 유격수…… 다 있는 것 같은 느낌이야. 나는 제일 눈에 띄는 곳에 있는데, 왜 여자친구가 없는 걸까.

가와바타는 자신이 구불구불한 길을 걷는 것 같다고 느낄 때가 있다. 꿈이 이뤄지는 일은 없을 것이다. 히어로 같은 게, 될 수 있을 리가 없다. 인생은 만화처럼 풀리지 않는다.

가와바타는 쓰키야마를 봤다. 괜히 그와 싸워 이기고 싶었다.

1회, 1아웃 2루 상황에서 나온 쓰키야마는 가와바타가 지지 않으려 기를 쓰며 던진 4구째 빠른 공을 우중간으로 보냈다. 3루타였다. 그게 인바의 선취점이 됐다.

4회, 다시 쓰키야마가 타석에 들어섰다. 가와바타는 커브를 중점으로 두고 공격할 생각이었다.

초구, 바깥쪽 빠른 공이 스트라이크가 되자, 가와바타는 느긋하게 몸쪽으로 슬로 커브를 던졌다. "볼."

가와바타는 다시 한번 커브를 던졌다. 공은 몸쪽

낮은 존으로 천천히 떨어졌다. 쓰키야마는 그걸 노렸다는 듯이 쳤다. 타구는 유격수 쪽으로 느리게 뚝뚝 굴러갔다.

 6회, 쓰키야마의 세 번째 타석. 직구로 2구 연속 스트라이크를 잡은 뒤, 3구 연속 슬로 커브를 던졌다. 쓰키야마는 그 모든 공을 지켜보면서 볼로 만들었다. 가와바타는 잠시 숨을 골랐다. 어떻게든 삼진으로 잡고 싶었다. 6구째 던진 공이 아마 그날 던진 공 중 가장 빠른 공이었을 것이다. 쓰키야마의 방망이는 허공을 갈랐다. "스트라이크 아웃!" 주심이 크게 외쳤다.

 8회, 쓰키야마의 네 번째 타석. 오후 2시 가을의 미토시민구장은 맑다. 스코어는 2대3. 다카타카는 1점 차로 인바를 쫓고 있었다. 굉장한 선전이었다.

 가와바타는 쓰키야마와의 마지막 대결을 슬로 커브로 시작했다. 공을 잡아 천천히 팔을 휘두르며 사이드로 던진다. 공은 가운데에서 바깥쪽으로 도망치듯 떨어졌다. 바깥쪽 낮은 존. 스트라이크다. 계속 커브를 던졌다. 몸쪽에서 빠지는 공이었다. 쓰키야마는 커브는 버리고 있는 것 같았다.

포수 미야시타가 사인을 냈다.

이후 가와바타는 쓰키야마를 삼진으로 잡느라 힘을 다 쓴 건지, 4안타를 맞으며 현 대회 이후 처음으로 패전투수가 됐다. 최종 스코어는 2대5였다.

경기가 끝나기 전 쓰키야마의 네 번째 타석 3구째 상황에서, 가와바타 슌스케의 이야기를 끝내고 싶다.

포수 미야시타가 사인을 냈다. 가와바타가 미야시타의 손끝을 봤다.

그 손가락은 이렇게 말하고 있었다―"슬로 커브를, 한 번 더."

가와바타 슌스케는 미소를 지었다. 고개를 끄덕이곤, 천천히 슬로 커브를 던지는, 평소 그의 투구 동작에 들어간다…….

폴 볼터

- 1 -

과거는 왜, 바랜 사진처럼 세피아 필터를 씌운 것 같을까. 기억은 멀어질수록 흑백이 되다 이윽고 세피아 톤으로 변하곤 한다.

세피아 톤이 돼버린 '그'의 과거를 더듬어보면 다음과 같다.

"중학생 때였어요. 입학한 지 얼마 안 됐을 때였죠. 어느 날, 운동장 구석에 있는 장대높이뛰기 매트 쪽에 있었어요. 거기에 대나무 장대가 있었죠. 맞은편에는 크로스바cross bar가 있었는데, 그 대나무로 크로스바를 넘으려 했어요. 2미터 정도 높이였던 것 같아요. 그게 저한테는 진짜 높아 보였어요. 제 키가 150센티미터 정도밖에 안 됐거든요. 힘껏 달려가서 발등 근처에 세운 대나무를 지지대 삼아 몸을 들어 올렸어요. 그때, 하늘이 가까워진 것 같았어요……"

1968년의 일이다. '그'는 열두 살이었다. 그리 오래된 이야기는 아니다. 그러나, 아직 25년밖에 살지 않은 인간에게 13년 전 일은 충분히 과거형으로 말할 수 있는 일이다.

계절은 봄이다. 시코쿠 가가와현 서쪽 오노하라大野原라는 작은 마을에 있는 중학교. 계절이 바뀌었음을 알리는 벚꽃은 이미 흩날리고 있었다. 풋풋한 초록빛은 아련한 복숭앗빛으로 뒤덮인다.

방과 후였다. '그'는 교복을 입고 가방을 들었다. 육상부 연습이 시작됐다. 가가와현은 장대높이뛰기가 한창이라 대부분의 중학교에 장대높이뛰기용 매트가 있다. 육상부 학생들 사이에서 몇 명이 대나무 장대를 갖고 논다. '그'는 그쪽으로 다가간다. 2미터 높이의 크로스바는, 장대가 없으면 넘기 어려워 보인다.

'그'가 앞으로 나아가려는 자세 그대로 대나무를 들었다. 겉옷을 벗어 던진다. 흉내를 내며 장대를 잡고 달린다. 가까워질수록 바는 더욱더 높아 보인다. 그리고, 장대를 지팡이 삼아 뛴다.

크로스바는 그의 몸 아래에 있었다. 그가 떨어진 곳에는 아마 매트가 있었을 것이다. '그'는 뛰어올랐을 때 하늘이 자신을 향해 다가온다고 느꼈다. 불과 2미터밖에 안 되는 높이였다. 무한한 우주 공간에서 2미터라는 높이는 아무것도 아니다. 그러나 자신의 키를 생각하면, 그건 뭔가 의미를 띠게 된다.

코치가 말했다.

"잘한다. 센스 있네."

소년은 수줍게 웃었을 것이다. 뭔가 흥분되는 게 느껴졌다. 그럴 때 사람은, 자신이 뭔가 대단한 사람이 될 수 있을 거라고 느낀다.

"잘한다. 센스 있네."—코치가 팔짱을 끼고 한 그 말이, 소년의 머릿속에서 몇 번이나 재생된다.

"그때 처음으로 자신감이 생겼어요. 그때까지 저는, 눈에 띄는 일 따위는 있을 수 없는, 그런 아이였거든요. 남들보다 빨리 달릴 수 있는 것도 아니고, 싸움을 잘하는 것도 아니었죠. 뛰어나게 성적이 좋다거나 야구를 잘하는 것도 아니었어요. 그런 제가 칭찬을 받은 거예요……"

'그'가 떠올리는 그 장면에서, 소년의 얼굴은 봄 햇살에 물들어 선홍빛으로 반짝인다. 그리고 거기에 바랜 갈색의 세피아 필터를 씌우면, 아득해지는 시간이 흘러 25세가 된 현재의 '그'가 있다.

- 2 -

'그'―이름은 다카하시 도모미.

폴 볼터pole vaulter, 장대높이뛰기 선수다. 이 나라의 장대높이뛰기 일인자라고 해도 좋다. 그는 1980년 가을, 5미터43을 넘었다. 신기록이었다. 또한 1981년 봄, 실내 경기장에서 5미터50을 넘었다. 그 또한 신기록이었다. 1980년 환상 속에만 존재한 모스크바올림픽의 국가대표로도 선정됐다. 일본 최고 선수라고 해도 될 정도다. 스포츠 엘리트라는 말 역시 맞을지도 모르겠다. 가가와현 쇼도시마에 있는 도노쇼고등학교에서 일도 하고 있다. 시간제 체육교사다.

그러나 그는 스포츠 엘리트라는 말에 당황한 것처럼 보였다.

그리고 어떤 장면을 말해줬다.

비교적 최근의 일이라고 한다.

그는 일하는 고등학교 운동장에서 훈련을 하고 있었다. 비가 온다. 그는 혼자였다. 언제나 그렇듯이, 라고 해야 할지도 모르겠다. 교사가 된 이래, 그에게는 함께 훈련할 사람이 없었다.

장대높이뛰기의 기본은 도움닫기 속도에 있다. 5미터 정도 되는 유리섬유 장대 자체의 무게는 기껏해야 4킬로그램 정도다. 그러나 장대 한쪽의 끝에 가까운 곳을 쥐고 잡으면 10킬로그램 정도로 느껴진다.

그는 여느 때처럼 운동복을 입고 운동장에 나와 몸을 풀었다. 차분하게 몸을 푼 뒤 장대를 잡았다. 머릿속으로 30미터 정도 앞에 매트를 그린다. 그가 서서히 달린다. **허벅지**를 높이 들고 뛰는 단거리 달리기 방법이다. 속도가 올라간다. 착지 직전에는 최고 속도를 찍어야 한다. 머릿속에 그렸던 매트가 다가왔고, 그는 그곳을 지나치자 속도를 줄였다. 다시 30미터 정도 앞에 매트를 그린다. 그리고 달린다. 그걸 몇 번이고 되풀이한다. 여전히 비가 내리고 있었다.

그는 문득 묘한 생각에 사로잡혔다.

'나는 눈물을 안 흘리는데'라고 말이다.

'근데 왜 우는 거지.'

그는 멈춰버린 운동장 한구석에 우두커니 서 있었다.

장대를 어깨에 올리고 주위를 둘러본다. 고요한 빗소리만 들려온다. 땅거미가 깔리고 있다. 그거 말곤 아무것도 없다. 그는 혼자였다.

다시 달린다. 이마로 떨어진 비가 천천히 흐르며 눈꺼풀을 적신다. 그가 정말로 울고 있나 생각하며, 비와 함께 눈물도 다 흘러내리면 좋겠다고 생각할 때, 눈물이 뚝뚝 흘렀고, 그는 그제야 자신이 왜 울고 있는지 깨달았다.

대체 무엇을 위해.

그는 '허망함'이라는 말이 떠올랐다고 했다.

"허망했어요. 모든 게요. 왜 나는 이런 데서 달리고 있어야 하는 건가. 왜 높이 날아오를 수밖에 없는가. 아무것도 알 수가 없어졌어요. 새로운 기록을 만드는 거, 그거 좋죠. 그런데 그게 어쨌다는 거예요. 저기까지 가면, 더 자신감을 갖고 살 수 있을 거라고 생각했어요. 자신감이 넘쳐흐르는 삶을 살 수 있을 줄 알았어요.

그런데, 아무것도 변하지 않아요.

목표를 잃어 몸 둘 바 한 곳 없는 사람처럼 불안했어요. 슬퍼서, 너무 허무해서, 어떻게 할 수가 없었어요……"

그렇게 그는 혼자, 비 오는 운동장에서 눈물을 흘렸다.

저기, 세피아 톤이 된 풍경으로부터 아직 13년밖에 지나지 않았다. 아니, 벌써 13년이나 흘렀다고 해야 할까.

- 3 -

무한한 속도를 추구하는 인간이 있다.

중력을 거슬러 무한한 무게를 들어 올리려는 인간이 있다.

그리고 무한한 높이를 뛰어넘으려는 인간이 있다.

이들의 공통점은 이렇게 말할 수 있을 것이다 — 모두 한계를 향해 달려가고 있다.

여기서 내 얘기를 좀 해두자면, 나는 한 번도 그런 종류의 한계와 조우해본 적 없는, 말하자면 일상생활자다. 육체의 한계와 조우하고 싶다는 꿈을 꾸지만, 슬프게도 눈을 뜨면 나는 언제나 관중석에 있었다.

좋아하는 이야기가 있다.

고대 그리스의 한 단거리 선수에 관한 이야기다.

이름은 폴림네스토르. 기원전 632년 올림픽 챔피언이다. 이 이야기는, 완벽한 세피아 톤의 세계다.

폴림네스토르에 관한 전설은 우선 이렇게 시작한다.

"그는 말이야, 목동이었어……"

초원에 있던 폴림네스토르는 가축 앞에서 달리고 뒤에서 쫓으며 그들을 끌고 있었다. 어느 날, 갑자기 그의 앞에 토끼가 나타났다. 그는 그 토끼를 잡으려고 했다. 토끼가 도망쳤다. 다시 쫓았다. 그리고 마침내 토끼를 앞지른 그는 토끼의 귀를 잡아버렸다.

그 순간, 폴림네스토르가 뭐라고 했는지는 전해지지 않는다. 그러나 그가 이렇게 말한다 해도 괜찮았을 것이다.

"나는 토끼보다 더 빨리 달렸다. 이 기록은 20세기까지 깨지지 않을 것이다."

토끼는 1초에 14미터를 달린다고 한다. 그 속도라면 100미터를 7초02로 달릴 수 있다.

이 이야기가 전설로 남은 건 토끼가 어떻게 도망쳤는지는 알 수 없기 때문이다. 토끼가 과연 전속력으로 도망쳤는지, 갈지자로 달렸는지, 멈췄다 다시 달렸는지 아무 설명이 없다. 오직 폴림네스토르가 토끼보다 빨리 달렸다는 것만 전해진다.

그렇다면 거기서, 엄청난 기록을 보게 된다.

설마 진짜겠어, 라고 생각하면서도, 우리는 그 속도를 넘어서기 위해 나아가야만 한다. 인간이 지금과 같은 육체를 이끌고 있는 한, 그것은 영원한 벽이 될 수밖에 없다. 넘을 수 없는 벽이라는 걸 알면서도 넘어서려 한다. 헛수고의 미학이라고 해도 좋을 것이다.

감탄이 나올 정도로 멋진 말과 맞닥뜨린 적이 있다. 러시아 역도 선수 바실리 알렉세예프의 말이었다.

그는 "인간은 누구라도……"라며 말했다. "자신이 원하는 만큼 강해질 수 있다."

나는 그가 잠깐만 기다려줬으면 좋겠다고 생각했다. 이 말은 고쳐져야 해서다. 알렉세예프는 "나는, 내가 바라는 만큼 강해질 수 있다"고 말해야 한다. 그는 1960~1970년대를 지배한 헤비급 역도 선수로, 80여 개의 세계 기록을 세운 남자로 알려져 있다.

추상, 인상, 용상.* 알렉세예프가 처음 세계 기록을

---

* 역도 종목. 추상press는 1973년에 폐지되었고, 현재는 역기를 바로 머리 위로 들어 올리는 인상snatch과 가슴 위로 올렸다가 머리 위로 들어 올리는 용상clean and jerk이 있다.

만들었을 때, 이 세 종목의 합계 중량은 600킬로그램이 되지 않았다. 1967년 세계 기록을 경신한 자보틴스키는 합계 590킬로그램을 기록했다. 그로부터 3년 뒤 알렉세예프는 합계 592.5킬로그램을 들어 올렸다. 그러나 그는 600킬로그램을 넘는 건 하늘의 별을 따는 것만큼이나 어려운 일이라는 얘기를 들었다. 그건 불가능한 일이라고.

그런데도 알렉세예프는 합계 기록을 모두 열일곱 번이나 갈아치웠다. 그리고 합계 645킬로그램이라는 기록을 세워버렸다.

한 인터뷰에서 인간의 한계에 대한 질문을 받은 알렉세예프는 이렇게 대답했다.

"한계란 없습니다. 자신이 그 선을 긋기 전까지는 말이죠."

이 말 역시 대단하다. 내게는 무섭기까지 한 말이었다.

이왕 얘기가 나왔으니 하나 더. 경기 당일 오늘 얼마나 먹었냐는 말에 알렉세예프는 이렇게 답했다.

"제가 조금이라도 더 강하다는 걸 느낄 수 있게끔,

조금만 먹었습니다."

알렉세예프에게는 '조금'의 식사량조차 강해질 수 있는 하나의 이유가 되는 것이다.

하지만 인간은 알렉세예프 말처럼 정말로 '자신이 원하는 만큼 강해질 수 있는 존재'일까.

무한한 높이를 추구하는 경기에도 한계는 있다. 날개를 쓰지 않고, 장대 하나를 든 인간의 힘만으로, 도대체 사람은 어디까지 날아오를 수 있는 걸까.

- 4 -

내가 처음 다카하시 도모미라는 폴 볼터를 본 건, 1973년이다. 순전히 우연이었다고 말할 수 있다. 그를 보기 위해 경기장에 있었던 게 아니니까.

그에게 사소한 사고가 일어나지 않았다면, 나는 그의 도약도, 아니 그의 이름도 기억하지 못했을 것이다.

8월 미에현 이세. 여름이 한창인 그곳에서 육상 인터하이가 열리고 있었다. 고등학생 종합체육대회라고 생각하면 된다.

이렇게 말하면 너무 콘셉트가 명쾌한 표현이 돼버릴지도 모르겠지만—당시 나는 출구를 찾을 수 있을 것 같지가 않았다.

가끔 하늘을 올려다보고 이런 말을 중얼거릴 때였다. "꽤 멀리 와버렸네." 이런 생각을 한 건 10대 후반 무렵부터가 틀림없다. 어쩌면 걸어온 거리를 확인하는 것으로, 간신히 안심하고 있었을지도 모른다.

누구나 그렇듯 그때 나는 하고 싶은 일을 하지 못해 낙담하고 있었다. 애초에 하고 싶은 일이 뭔지 모르겠는 지경까지 됐다. 즉, 최악이었다.

이세의 한 마을까지 간 건 관광 목적도, 힐링 여행도 아니었다.

나는 마치 사업가 행세를 하며 신칸센을 타고 이세까지 갔다. 용건은 취재였다. 개가 인간을 문 게 아니라 인간이 개를 물어뜯은, 그런 종류의 사건에 대한 취재였다고 생각한다. 나는 이 마을 저 마을로 사람을 찾아다녔고, 가끔은 사람이 개를 물고 싶어지는 기분이 들기도 한다는 생각에 이르렀다. 구체적으로 말하자면, 그건 '남편'이 '아내'를 죽였다는 '사건'이었다. 나는 처음에 그 사건이 '개'가 '인간'을 문 거라고 해석했다. 그런데 아무래도 '인간'이 '개'를 문 것 같았다. 나는 물어뜯을 수밖에 없던 '인간'에 대해 생각하다 굉장히 지쳐버렸다.

그럴 때는, 기분이 별로니까 이세 신궁이라도 가자, 하면서 굵은 자갈을 밟아도 좋을 것이다. 뭔가 잘못한 게 아니라면 나는 그런 곳에 발을 들여놓지 않으니까. 적어도 호텔 침대에 웅크리고 있는 것보다는 나으니까.

그러지 않고 경기장으로 향한 건, 그곳에서 인터하이가 열리고 있었고, 거기 가면 그림 같은 '젊은이들'이 있을 거라고 생각했기 때문이다. 나는 청춘을 다 써버린 세계에 있고, 그들은 아직 청춘을 쓰지 않은 세계에 있었다. 그 대조를 보고 싶다는 마음도 살짝은 있었다. 혹은 더 단순하게, 모든 게 하얗게 보일 정도로 강한 한여름 태양 아래 몸을 드러내고 낮잠을 자는 것도 좋다고 생각했을 수 있다. 요컨대 그때 나는 스스로를 햇볕에 바짝 말려야 할 필요가 있다고 느꼈던 것 같다.

나는 트랙의 제3코너를 내려다보는 근처에 앉았다. 그쪽 관중석이 비교적 비어 있었기 때문이다.

우연히 앉은 그곳은 장대높이뛰기 매트와 가까웠다. 위에서 내려다보면 장대높이뛰기의 크로스바는 그다지 높아 보이지 않는다. 그 높이를 처음 느끼게 되는 건, 크로스바 한쪽에 서 있는 대회 진행요원의 키와 비교해봤을 때다. 크로스바를 세팅하려면 긴 막대를 들고 해야 한다. 필드에는 선수 몇 명만 있었고, 매트 근처 표지판에는 4미터50이라는 숫자가 쓰여 있었다.

도약하는 선수는 크로스바 바로 아래에서 장대를 세워 높이를 확인한다. 당연히 크로스바는 장대보다 높은 곳에 있다. 선수는 턱을 치켜올리고 그 바를 올려다본다. 그런 뒤 도움닫기의 거리를 재고, 스타트 지점을 확인한 뒤 달리기 시작한다.

4미터50이라는 그 높이가 상당할지도 모른다고 생각한 건, 필드에 남아 있는 선수 중 한 명이 크로스바를, 마치 드넓은 하늘을 바라보듯 올려다보고 있었기 때문이다.

그가 다카하시 도모미였다. 나는 나중에서야 그가 다른 선수들에 비해 키가 작은 탓에, 바를 올려다보는 각도가 유난히 커 보였다는 걸 알았다.

당시 그의 키는 170센티미터였다고 한다. 몸무게는 55킬로그램. 지금도 그렇지만, 그는 장대높이뛰기 선수를 하기엔 체구가 작은 편이었다.

몇몇 선수가 크로스바를 향해 달려갔다. 그러곤 매트 바로 앞에 있는 폴 박스˙에 장대를 꽂고, 몸을 흔들고, 유리섬유 장대를 구부려 몸통을 위로 강하게 밀고, 몸을 비틀면서 바를 넘으려 했다.

시곗바늘은 낮 12시를 지나고 있었다. 이것도 나중에 알게 된 거지만, 장대높이뛰기라는 종목은 가장 이른 시간부터 시작된다. 보통 오전 9시쯤부터 경기가

- pole vault box, 도약을 위해 장대를 꽂는 박스. 우리나라에서는 대개 폴 박스라고 부른다.

시작되는데, 깜빡하면 저녁 무렵에 끝날 수도 있다. 한 번 한 번의 도약을 앞두고 스모의 시키리˙와 비슷한, 바와 선수 간의 눈싸움 시간이 있다.

여름날, 오후가 돼도 필드에 남아 있는 선수들은, 벌써 3시간 남짓한 시간 동안 계속해서 바와 눈싸움을 벌인 셈이었다.

4미터50을 넘은 선수는 다섯 명이었다. 그중 세 명이 같은 유니폼을 입고 있었다. 당시 기록을 보면 그들이 누군지 알 수 있다. 같은 유니폼을 입고 있는 선수들은, 가가와현 미토요공업고등학교의 기가와, 고니시 그리고 다카하시 이렇게 세 명이었다. 나머지 두 명은 후도오카고등학교의 나카노 선수와 이와타농업고등학교의 사토.

크로스바는 4미터60으로 올라갔다.

관중석에 있던 내게는 그날이 유독 더운 오후였다

• 스모는 경기 시작 전, 선수들이 몸을 낮추고 웅크려 서로 눈을 쳐다보며 기싸움을 하는데, 이때의 자세를 시키리라고 한다.

는 인상이 남아 있다. 그래서 필드에도 한여름의 태양이 내리쬐고 있었다고 생각한다. 다카하시는 다르게 말했다. 분명 더운 날이긴 했지만 하늘에 비구름이 있었다고. 필드에 있었던 그에게는, 그 무더위가 더 인상적이었을 것이다.

그가 과연 몇 번째로 4미터60에 도전했는지는 기억이 안 난다. 내가 알고 있는 건, 그가 첫 번째 시도에서 크로스바를 넘지 못했다는 것이다. 장대를 든 그는 고개를 숙인 듯한 자세로 스타트 지점을 향해 걸어갔다. 그러곤 필드에 주저앉아 계속 두 다리를 주물렀다.

머지않아 다른 선수가 뛰었다. 거기 있는 모두가 숨을 헐떡이며 더 높은 곳으로 날아오르려 했다. 장대 하나에 몸을 맡기고, 장대의 길이와 탄력을 이용해, 근육을 긴장시켰다가 다시 풀었다가, 다리를 발로 차 크로스바 하나를 뛰어넘으려 하고 있었다. 몸이 크로스바를 향해 뻗어나가는 순간, 그들에게는 무엇이 보일까. 크로스바 하나로 구분된 하늘일까. 그 장면을 무비 카메라로 찍으면, 모든 동작이 40프레임 안에 담길 것이다. 시간으로 따지면 2초도 채 안 되는 시간이다. 거기서 구체적 풍경을 볼 수 있는 건 아마 선수가 아닌 관찰자의 눈일 것이다.

다카하시는, 떨어지는 크로스바 혹은 몸에 닿지 않아서 그 자리 그대로 있는 크로스바만 보인다고 말했다.

그가 유일하게 다른 풍경을 본 건 이세 경기장에서 열렸던 인터하이, 4미터60의 두 번째 시도 때였다. 그때 그는 눈앞에 다가오는 폴 박스를 봤다. 매트 앞쪽 바닥에 놓인 폴 박스는 장대를 지탱해주는 역할을 한다.

그의 도움닫기를 본 사람들은 뭔가 이상하다는 생각을 했을 수도 있다. 도움닫기는 거의 30미터. 달릴수록 속도는 빨라져야 하고, 매트 바로 앞에서는 최고 속도를 찍어야 한다. 그러나 다카하시의 도움닫기는 도중에 속도가 좀 떨어진 것처럼 보였다.

그래도 그는 계속 뛰었고 폴 박스에 장대를 꽂은 뒤, 오른발을 먼저 들어 올렸다. 몸이 그대로 속도를 타고, 시계추처럼 앞으로 흔들리며, 그에 따라 장대가 휘어지고, 속도와 탄력을 받아 몸을 밀어 올리면, 장대높이뛰기의 전형적인 동작이 성립한다.

하지만 다카하시의 두 번째 도약은 속도를 잃고 있었다. 장대는 충분히 꺾이지 않았고 팔 힘은 빠져 있었다. 몸이 뻗어나가야 할 때, 그의 발은 크로스바를 차고 있었다. 그렇게 그는 그 자세 그대로, 모든 힘이 빠져 껍데기만 남은 사람처럼 낙하했다.

그는 매트에 떨어지지 않았다. 매트 바로 앞에 있는 그 폴 박스를 향해 낙하해갔다. 다카하시가 잡고 있던 장대의 끝이 매트에 떨어져 두세 번 튀었다.

그는 그대로 일어나지 않았다.

진행 요원들과 선수들이 그의 주위로 모여들었고, 그는 들것에 실려 나갔다.

내가 본 다카하시 도모미는 그렇게 졌다.

우승은 4미터60에 성공한 단 한 사람, 미토요공업고등학교의 기가와 야스히로가 차지했다. 이전 높이인 4미터50을 한 번에 성공했던 다카하시는 2위였다.

"거기서 이겼어야 했어요."

나중에 다카하시 도모미가 말했다.

"컨디션이 좋지는 않았어요. 더위 때문만은 아니었습니다. 더위는 공평하게 주어지는 핸디캡이니까요.

문제는 다리였어요. 4미터60을 처음 뛰었을 때, 이 정도면 될 것 같다는 느낌이 있었어요. 도움닫기도 나쁘지 않았고, 뛰어오를 때도 좋았거든요. 조금만 더 하면 될 것 같았어요. 크로스바가 떨어졌을 때, 아쉽다는 생각이 들 정도였습니다.

그런데 좀 신경 쓰이는 게 있었어요. 종아리에 쥐가 날 것 같았거든요. 긴장도 했고, 피로도 쌓여서 그랬겠죠.

마사지를 하면서 좀 쉬었어요. 그리고 두 번째 도움닫기에 들어갔죠. 달리기 전에 이미 쥐가 난 건 아닌가, 그런 느낌이 들더군요. 그래도 어쨌든 뛰어야 했어요. 무시하고 달렸죠. 그런데 도중에 다리에 쥐가

났다, 틀림없다, 이런 게 느껴진 거예요. 속도가 느려진 건 그 때문이었을 겁니다.

그래도 달렸어요. 지금 4미터60을 넘지 못하면 안 된다, 그것만 생각했어요. 장대를 폴 박스에 꽂아 넣었을 때, 다리엔 완전히 쥐가 나버린 상태였어요. 이건 틀렸다는 생각이 들었지만, 몸은 이미 다음 동작을 하고 있었죠. 발로 크로스바를 찬 건 기억나요. 이렇게 가면 매트가 아니라 매트 밖에 떨어진다는 걸 생각할 겨를은 없었어요. 떨어지는데 눈앞에 폴 박스가 보였고, 저는 거기에 떨어지고 말았죠. 잠시 정신을 잃었어요. 의무실로 옮겨지고 나서야 정신이 들었죠.

처음엔 결국 저는 패배했다고 느꼈어요. 역시 나는 안 된다고.

그게 마지막 경기라고 생각했어요. 고등학교 3학년 여름 인터하이니까 이게 끝나면 다음은 없다고요. 대학에 가서 장대높이뛰기를 계속할 생각도 없었고, 실업팀에 들어가서 뛸 생각도 없었어요. 고등학생 때 그 정도로 좋은 기록을 낸 건 아니었거든요.

다만, 딱 한 번만이라도 좋으니까 이겨보고 싶었어요. 4미터60이 됐을 때, 같은 학교 선수들이 있었잖아요. 기가와랑 고니시. 걔네가 저보다 한 학년 아래예요. 근데 대부분 걔네한테 졌거든요.

저는 대단한 선수가 아니었어요. 그것만은 확실하게 말할 수 있어요. 중학교 운동장에서 처음 대나무 장대를 잡고 크로스바를 넘었을 때 칭찬을 받아서 장대높이뛰기를 시작했는데, 기록이 잘 늘어나진 않더라고요. 중학교 3학년 때 전일본중학교방송육상대회에 나갔는데, 저는 현에서 7위 정도였어요.

4미터를 처음 넘은 건 고등학교 2학년이 되어서예요. 그때 1학년으로 들어왔던 기가와와 고니시, 두 사람은 이미 제 기록을 뛰어넘었죠. 그때부터 지기 시작한 거예요.

고등학교 2학년 때, 어떻게든 인터하이에 나가고 싶었어요. 상급생이 한 명 있었고, 1학년에 잘하는 그 두 명이 있었죠. 1학년 중 한 명만 이기면 인터하이에 나갈 수 있을 거라고 생각했어요. 교내 테스트가 먼저 있었거든요. 그때 2등이나 3등을 했던 것 같아요. 그래서 틀림없이 나갈 수 있을 거라고 생각했죠. 근데 기록회를 또 해야 한다는 거예요. 거기서 졌어요. 그때 감독님이 처음부터 2학년인 저를 내보낼 생각이 없었던 건 아닌가, 그런 꼬인 생각까지 했어요. 아무리 열심히 해도 5미터는 못 넘을 거라고 했거든요. 한참 후에야 당시 감독님한테 그 일을 말했더니 웃으며 아니라고 하셨어요.

아마 속으로 혼자 위축돼서 단단히 꼬여 있었을지도 몰라요.

그런 경쟁심이 있었기 때문에, 3학년이 되어 처음 나온 인터하이에서 꼭 우승하고 싶었어요. 처음 4미터를 넘은 뒤부터는 기록도 10센티미터씩 꾸준히 늘고 있었거든요. 이길 수 있을 거라고, 이길 수 있는 기회는 이 인터하이밖에 없다고 생각했어요.

그런데 져버렸잖아요.

떨어져서 한순간 정신을 잃었고, 눈을 떠보니 의무실이었어요.

이걸로 다 끝났다고 생각했어요. 이제 두 번 다시 장대를 잡는 일은 없을 거라고요……"

- 6 -

1973년 8월. 미에헌 이세의 경기장에서 패배한 폴 볼터에게는 그런 이야기가 있었다.

자신의 가능성을 꿈꾸듯 시작한 장대높이뛰기는 일단 마침표를 찍고 말았다.

그는 최고 높이를 날아올라야 하는 종목의 한계에 패한 것이 아니었다. 오히려 가까운 경쟁자들과의 경쟁에서 먼저 패배해버렸을 뿐이다.

그러나 그는 시간이 지나고 나서야 이 사실을 깨달았다.

많은 운동선수는 이런 일이 있을 때 과거로 돌아가려 한다. 1센티미터, 1초 더 기록을 늘리는 데 집중하는 게 아니라 과거의 내가 이걸 하려고 했던 순간의 들뜬 기분 속으로 돌아가는 것이다. 거기에는 취미로서의 스포츠가 있다. 나쁜 건 아니다. 적어도 거기에는 도약하는 것, 뛰는 것의 즐거움이 있으니까.

다카하시는 고등학교 3학년 인터하이에서 떨어지며 손목을 다쳤다. 대학 진학은 포기한 상태였다. 농사를 하는 아버지는 얼마 전부터 간에 문제가 생겨 누워 있었다. 다가올 18세의 봄은 일자리를 얻은 상태로 맞이해야 했다. 그렇지만 불러주는 실업팀이 없었다. 일본 폴 볼터로서 이름을 날리려면 일단 5미터라는 벽을 넘어야 했다.

그러니 여기서 전부 끝난다고 해도, 전혀 이상할 게 없었다.

다카하시에게 장대높이뛰기와 관련된 유일한 제안이 들어온 건, 졸업이 임박했을 무렵이었다.

교토에 공장이 있는 '유니티카'라는 곳이었다.

"좀 더 해봐도 좋지 않을까." 감독은 그런 말로 다카하시에게 입단을 권유했다.

다카하시는 자신의 한계를 알고 있었다. 무엇보다 다른 장대높이뛰기 선수에 비해 타고난 신체 조건이 좋지 않다는 게 가장 큰 걸림돌이었다.

키는 크지 않다. 171센티미터에서 거의 멈춘 거나 다름없다. 그 키로 쓸 수 있는 장대는 제한될 수밖에 없다.

더 높은 바를 넘으려면 그만큼 긴 장대를 쓰면 된다. 당연한 말이다. 그러나 장대를 얼마나 더 높게 잡을 수 있는지는 선수의 키에 따라 한계가 있다.

장대를 얼마나 높게 잡는 것이 최선일까. 그건 도움닫기의 속도와 근력에 달렸다. 억지로 높은 쪽을 잡는데, 도움닫기에서 속도를 내지 못한다면 몸은 떠오르지 않는다. 장대를 폴 박스에 꽂은 채로 걸려버리고 말 것이다. 만약 속도가 충분히 나온다 해도 근력이 없다면 자신의 몸을 버텨낼 수 없다.

탄력 있고 부드러운 유리섬유를 사용하면 되는 거 아닌가, 라고 생각할지도 모른다. 그러면 더 긴 장대를 써도 충분한 탄성이 있으니 떠오를 수 있는 거 아니냐고.

그렇지만은 않다. 장대는 부드러우면 부드러울수록

탄성이 떨어진다. 즉, 장대가 더 유연하다 해도 튕겨 넘어갈 수 있는 높이로 몸을 올려주진 못한다.

다카하시는 고등학생 때 4미터 장대에서 3미터 80센티미터 부분을 쥐고 있었다. 그건 오른팔, 즉 장대를 꽂았을 때 위쪽에 오는 팔의 위치다. 만약 도움닫기의 속도와 근력이 같다면, 다카하시보다 키가 10센티미터 더 큰 선수는 3미터 90센티미터 부분을 잡을 수 있다. 그리고 역시 같은 기술을 갖고 있다면 다카하시보다 10센티미터 더 높은 바를 넘을 수 있을 것이다.

다카하시는 3미터80센티미터 부분을 잡고, 4미터 50센티미터 높이의 바를 넘었다. 그 폭은 70센티미터다. 이걸 '빼기'의 폭이라 부른다. 키가 작아 그립 위치가 낮은 선수는 이 '빼기'의 폭을 넓혀야, 그립 위치가 높은 선수를 앞지를 수 있다. 그건 전적으로, 몸이 떠오른 뒤 바를 넘을 때까지의 기술에 달려 있다.

스웨덴에 셀 이삭손이라는 선수가 있다. 다카하시가 좋아하는 선수였다. 이삭손도 다카하시처럼 키가 작은 폴 볼터였다. 그러나 이삭손은 '빼기'의 폭이 1미터20센티미터였다.

이삭손은 예외라고 해도 될 정도로 기술이 좋은 선수라고 할 수 있다. 아주 보통의 폴 볼터는 80센티미터에서 1미터 정도의 폭을 빼고 바를 넘는다.

유니티카에서 다시 한번 장대높이뛰기를 해보지 않겠느냐고 했을 때, 다카하시가 생각한 건 키가 작아도 기술이 좋아지면 어느 정도는 더 높이 뛸 수 있지 않을까였다.

도움닫기 속도를 올리고 근력을 키우는 것만으로도 그립 위치를 높일 수 있다. 만약 20센티미터를 높이면 4미터 부분을 잡을 수 있게 된다. 30센티미터를 높이면 4미터10센티미터 부분을 잡을 수 있다. 여기서 빼기의 폭을 원래보다 20센티미터 더 올려, 90센티미터로 해보자. 그럼 고등학생 때보다, 총 50센티미터 더 높은 바를 넘을 수 있게 된다. 즉, 5미터의 바를 넘을 수 있는 것이다.

당시 그에게 5미터는 꿈같은 높이였다. 매트 밑에

서서 5미터 높이의 바를 올려다보면 엄청난 높이로 보인다.

사람은 주어진 신체 조건 안에서 승부할 수밖에 없다.

171센티미터, 60킬로그램 정도의 신체가 주어졌다면 자연스럽게 한계가 보일 것이다. 다만 그 한계를 향해, 더 나아가 한계를 넘어서려고 노력해볼 수는 있다.

폴 볼트, 장대높이뛰기 세계에서는 한계 수치가 계산되어 있다.

키가 180센티미터인 인간이 장대 없이 100미터를 10초대에 달린다고 쳐보자. 그 선수는 장대의 5미터 부분을 잡을 수 있다고 한다. 그리고 빼기의 폭이 1미터라고 한다면, 사람은 날개를 달지 않고 장대 하나만으로 6미터 높이의 바를 넘을 수 있다.

그보다 키가 작고 속도가 떨어진다면 그립의 높이는 기하급수적으로 낮아진다. 키가 171센티미터인 다카하시의 한계 그립 높이를 4미터50센티미터로 해보자. 빼기의 폭을 1미터라고 한다면, 그는 5미터50센티미터까지만 뛸 수 있다. 이 점이 그에게 이미 주어진 한계라고 할 수 있다.

그는 그 한계를 향해 나아가고, 한계를 넘어서려고 함으로써 꿈과 가능성에 결판을 낼 수밖에 없었다.

다카하시 도모미의 재출발은 그곳을 향했다.

- 7 -

다카하시가 인터하이에서 낙하했던 1973년, 나는 장대높이뛰기의 세세한 부분까진 잘 몰랐다. 내겐 들것에 실려 나가는 그가 그저 패배한 소년으로만 보였다. 높은 곳을 동경해 1센티미터라도 더 높이 날고 싶은 소년이 무너지는 모습 또는 장대높이뛰기 선수에 비해 비교적 체격이 작은 탓에 노력마저 물거품이 되는 모습에 불과했다.

내 생각이 틀렸을지도 모른다고 생각한 건, 그로부터 몇 년이 지나 한 지방신문의 스포츠면을 볼 때였다.

작은 헤드라인이 눈에 띄었다.

"다카하시 도모미(주쿄대) 5미터 30으로 우승"이

라고 쓰여 있었다. 1987년 여름 시코쿠에서 열린 장대높이뛰기선수권대회의 결과였다. 대회는 시코쿠 마쓰야마에서 하고 있었다. 앞서 썼듯, 장대높이뛰기가 가장 성한 지역은 시코쿠 가가와현이다. 그래서 시코쿠 선수권대회에는 잘하는 선수가 모여든다. 그만큼 의미 있는 승리였다. 기사 한구석에 "인터하이에서는 아쉽게도 2위를 했지만, 그 후 유니티카, 주쿄대 소속이 되었고……"라는 설명이 보였다.

인터하이에서 폴 박스로 떨어졌던 선수가 5미터를 넘었다는 걸 알게 된 건, 그때였다.

"유니티카에 들어가고 나서"

라고 다카하시가 말했다.

"기록이 재밌게 늘었어요. 1년 차에는 4미터80, 2년 차에는 그게 4미터90이 되었고 시즌 도중에 5미터10도 넘었어요. 가을에 열린 전일본실업단대회에서는 5미터12도 넘었습니다. 그립 위치는 4미터10까지 높아졌어요. 도움닫기에 속도가 붙고 근력도 늘어서였겠죠. 그러면 자연스럽게 그립 위치가 높아지니까요."

회사와 필드와 기숙사. 그 꼭짓점만 오가는 날들이 이어졌다. 술은 거의 마시지 않았다. 이렇다 할 취미도 없었다. 매일매일 꼬박꼬박 엄격한 생활을 반복했다. 장대를 잡고 계속 뛰었고, 그 결과로 기록이 늘어나는 것만이 그의 삶의 리듬이 돼버렸다.

달라진 게 있다면, 같은 회사 여자 농구부에 여자친구가 생긴 것 정도였다. 농구부 선수들과는 체육관에서 훈련할 때 가끔 마주쳤다. 장대높이뛰기에서 다리를 들어 올려 몸을 위로 밀어 올리고, 팔을 쭉 뻗는 연습은 체조링으로 하는 경우가 있다. 트램펄린을 써서 폼을 익히기도 한다. 그 때문에 그는 종종 체육관에 갔다.

그가 먼저 말을 걸어 사귀게 된 건 아니었다. 그녀 쪽에서 먼저 자리를 마련했고, 그렇게 만남이 시작됐다. 그는 적극적인 타입이 아니었다. 여자친구가 생겼지만 여전히 회사와 필드와 기숙사라는 꼭짓점을 오가는 날들이 이어졌고, 두 사람은 가끔 영화를 봤을 뿐이다.

유니티카에서 5미터12라는 기록을 세웠을 때, 주쿄대 코치가 그를 스카우트하러 왔다. 그리고 그는 대학에 진학했다. 주쿄대는 나고야에 있었다. 여자친구는 시즈오카의 본가로 돌아갔다. 두 사람 관계는 끝이 났다. 그는 다른 무엇보다 먼저 장대높이뛰기로 향했고, 그게 끝나면 아르바이트를 해야 했다. 주쿄대 숙직실에 묵으며 늦은 밤, 이른 아침에 경비 일을 했다. 그게 그의 아르바이트였다. 그렇게 하지 않으면 대학 생활을 할 수 없었다.

다카하시는 금욕적인 태도로 장대높이뛰기에 임했다. 대학에 들어간 뒤 그가 장대를 잡는 위치는 더 높아졌다. 4미터20센티미터였다. 그리고 다시 10센티미터 더 높아진 4미터30센티미터를 잡았다. 키는 고등학생 때와 별반 다를 게 없었다. 그런데도 장대의 그립 위치는 50센티미터나 더 높아졌다. 그리고 꾸준히 5미터10을 넘었다. 고등학생 때와 비교하면 60센티미터가 늘었다.

당시 일본 최고 기록을 갖고 있던 선수는 다카네자

와 이쓰오였다. 기록은 5미터42. 그의 키는 181센티미터였다. 다카하시는 그보다 10센티미터 작다.

다카하시를 보고, 다카네자와가 했던 말이 있다.

"넌 5미터20까지는 할 수 있겠다."

그 이상은 무리라는 말이었다.

다카네자와와 비교하면 경력도 짧고, 신체 조건도 불리한 다카하시가 자연스레 안고 있는 한계가 5미터20에 있다고 본 건, 다카네자와 나름의 평가 기준에 근거했을 것이다.

하지만 다카하시는 다카네자와보다 당연히 낮은 위치의 그립을 잡고선, 다카네자와가 가진 일본 최고 기록을 12센티미터 앞둔 5미터30을 넘었다. 그게 1978년 여름 시코쿠선수권대회였던 것이다.

"제가 뭐 특별한 걸 한 건 아니에요. 극히 보통의 선수가 하는 것처럼 연습해왔을 뿐입니다."

다른 선수들과 비교해봤을 때, 그가 더 금욕적이었다고 말할 수는 있을지도 모르겠다. 대학생 때 여자친구를 한 번도 사귀지 않았다. 오전에는 수업을 듣고, 오후에는 연습을 하고, 밤에는 아르바이트를 하는 생활 리듬은, 시합이 있을 때를 제외하곤 망가지지 않았다.

그런 생활을 하며 묵묵히 1센티미터씩 기록을 늘려왔다. 1973년 여름 인터하이에서 1978년 여름 시코쿠 선수권대회까지 꾸준히 성장한 기록은, 그의 금욕적인 생활 때문이었다고밖에는 설명이 안 된다.

다카하시가 경기마다 극명하게 보이는 기록이 있다. 그건 꺾은선 그래프로 정리된다. 그래프는 오르락내리락을 반복하면서 서서히, 서서히 위를 향해간다. 5센티미터 늘어나면 다시 3센티미터 내려가고, 다시 4센티미터 늘어나면 2센티미터 내려간다……. 마치 지진의 전조처럼 보인다. 그런 시기가 끝나면 기록은 갑자기 10센티미터 단위로 늘어난다. 그리고 다시 여진이 계속되다, 다음 지진으로 이어진다.

다카하시는 자신이 가장 잘 알고 있는 자신의 한계선에, 그런 식으로 다가간 셈이었다.

1980년 3월 대학을 졸업한 그는 쇼도시마(섬) 도노쇼 고등학교에 부임했다. 정시제 체육교사였다.

학교에는 장대높이뛰기 매트가 없었다.

모스크바올림픽도 불참 쪽으로 가닥이 잡히는 상황이었다. 역시나 모스크바올림픽을 보이콧하겠다는 결정이 났다. 그는 그 상황에 엄청난 충격을 받지는 않았다.

다카하시는 "올림픽에 나가서 메달을 딸 수 있는 수준이 아니어서 그랬겠죠"라고 말했다.

보이콧이 결정된 뒤 형식적으로 열린 올림픽 국가대표 선발전에서 그는 1등을 했지만, 그 이상은 바라지 않았다. 몇몇 선수는 눈물을 흘리며 아쉬워했지만, 다카하시는 현실을 담담하게 받아들였다.

그가 관심 있던 건 장대높이뛰기라는 세계에서 자신의 한계를 확인하는 것이었고, 그 한계를 향해, 한계와의 거리를 가늠하며 다가가는 것이었다.

다카하시가 처음으로, 큰 세리머니를 하며 기뻐한 건, 올림픽 국가대표 선발전이 있고 반년 정도 후의 일이다.

1980년 10월 14일. 도치기현 우쓰노미야에서 열렸던 도치기국민체육대회. 그는 대회 나흘 전에 쇼도시마를 나와 배를 타고 오사카로 향했다. 다시 도쿄를 거쳐 우쓰노미야에 도착했다. 숙소는 경기장 근처 민박집이었다.

10월 13일 열린 예선에서 4미터70의 예선 통과 기준을 넘은 그는 곧바로 민박집으로 돌아갔다.

다음 날, 태풍이 올 거라는 일기예보가 있던 상태였다. 그가 궁금한 건 태풍뿐이었다.

시합 당일 경기장에 반입할 수 있는 건 정해져 있다. 갈아입을 운동복, 스파이크, 후드가 있는 바람막이 그리고 간단한 음식. 이날은 가방에 샌드위치와 과일, 주스를 챙겼다. 경기는 9시 반에 시작한다. 보통 늦어도 1시간 전에는 필드에 가서 몸을 풀고 장대를 점검한다. 첫 번째 선수가 뛰기 30분 정도 전에 선수들이 모두 모여 점호를 한다. 그게 마침 오전 9시였다. 관중석에는 아직 적은 관중이 있을 뿐이었다.

결승은 4미터 70부터 시작했다. 엔트리에 있는 선수는 열세 명. 강했던 바람은 서서히 잦아들었다.

다카하시는 5미터부터 할 생각이었다. 크로스바는 4미터 70부터 10센티미터 간격으로 올라간다. 그 모두를 패스한 그에게는 시간적 여유가 생겼다.

언제나 그렇지만, 그는 다른 선수들과는 거의 말을 하지 않는다. 그의 적은 매트 위에 누워 있는 크로스바 하나뿐이다.

말없이 준비운동을 하고, 짧은 대시를 몇 번 반복한 뒤 남는 시간에는 가만히 앉아 있는다.

바가 5미터로 올라갔다. 다카하시는 5미터를 한 번에 성공했다. 5미터10이 됐다. 그때 남아 있던 선수는 다카하시를 포함해 네 명뿐이었다. 다카네자와, 나루세, 이노우에 — 모두 정상급 선수들이다.

다카하시는 5미터10을 패스하고 5미터20에 도전하려 했다. 바람도 거의 멎었고, 5미터20은 넘을 수 있는 높이라고 생각했기 때문이다.

그러나 다른 선수들이 차례차례 5미터10이라는 높이에서 좌절했다.

다카네자와는 4미터90을 넘은 뒤 5미터를 패스하고 5미터10에 도전했다. 하지만 세 번의 시도 모두 실패하고 말았다. 5미터를 넘고 5미터10에 도전한 나루세와 이노우에도 모두 5미터10이라는 높이를 넘지 못했다.

5미터 10을 패스한 다카하시가 5미터20을 넘으면 우승하는 상황이었다.

다카하시는 165파운드짜리 유리섬유 장대를 쓰고 있다. 여기서 165파운드가 의미하는 건, 평균적으로 이 정도 체중의 사람이 써야 하는 장대라는 뜻이다. 165파운드를 킬로그램으로 환산하면 약 75킬로그램 정도다. 유리섬유 장대의 경도傾倒는 또 다른 숫자로 나타낸다. 플렉스 넘버라 불리는데, 이는 일정한 길이로 자른 장대의 양 끝에 같은 중량의 추를 달았을 때, 휘어지는 길이를 인치로 나타낸 것이다. 숫자가 적으면 적을수록 단단한 장대다.

그날 다카하시 장대의 플렉스 넘버는 22.4. 이는 평균보다 약간 단단한 편에 속한다.

도움닫기는 30미터. 그는 **허벅지**를 극단적으로 높이 올리며 달리기 시작했다.

그립 위치는 4미터40. **빼기**의 폭이 80센티미터라면 5미터20을 성공할 수 있다.

늘 그랬던 것처럼, 다카하시가 달렸다.

눈은 오로지 크로스바만 보고 있다.

장대는 자연스럽게 폴 박스로 빨려 들어갔다.

몸이 떠올랐다.

그가 달리던 속도는 폴 박스에 꽂힌 장대 하나에 의해 상승 에너지로 바뀐다.

몸을 들어 올릴 수 있도록 더 높게 날아간다.

그 순간, 몸은 회전해 장대 바로 위에 도달한다.

팔 힘으로 몸을 더 끌어올린다.

성공.

크로스바는 아무 일도 없었다는 듯, 거기에 가만히

있었다.

그 순간 다카하시 도모미의 우승이 확정됐다.

그러나 다카하시가 평소와 다르게 큰 세리머니를 하며 기뻐한 건 이때가 아니었다.

우승이 확정된 뒤 그는 기록을 위한 도전을 이어갔다. 바의 높이는 도전자가 자유롭게 정할 수 있다.

그가 처음 지정한 높이는 5미터36이었다. 대회 한 달쯤 전에 나왔던 5미터35라는 자체 최고 기록을 먼저 넘어서려 했다. 그는 5미터36을 두 번째 시도 만에 성공했다.

다음에는 5미터43을 지정했다. 이를 넘으면 4년 전 다카네자와 이쓰오가 만든 일본 최고 기록은 다시 쓰이게 된다.

시간은 오후 1시를 지나고 있었다.

1차 시도를 실패한 뒤 그는 잠시 시간을 가졌다. 뛰어야 할 다른 선수들이 남아 있을 경우, 앞 선수가 뛴 후 3분 이내에 뛰어야 한다는 규정이 있다. 혼자만 남았을 경우 이 규정은 적용되지 않는다. 다카하시는 숨을 크게 들이마신 뒤, 도움닫기 위치를 확인하고 장대를 세웠다. 눈앞에 장대 끝이 보인다. 그걸 확인한 그는 달리기 시작했다.

그로부터 6초 정도 지났을 무렵, 매트 쪽을 향해 있던 카메라맨들은 일제히 셔터를 눌러댔다.

바는 미동도 없이 그 자리에 그대로 있었다.

다카하시 도모미는 가까이서 그 바를 보곤 손뼉을 치며 매트에서 뛰어내렸다.

그는 내려오면서도 움직이지 않는 바를 바라보며 계속 손뼉을 쳤다. 기록을 경신해서만은 아니었다. 그는 4미터40센티미터의 그립으로 5미터43을 넘었다. 빼기의 폭은 1미터3센티미터였다.

그날 밤, 그는 마시지 못하는 맥주를 마셨다고 했다.

그런데도 잠을 못 잤다고 쑥스러운 듯 말했다.

- 9 -

다카하시에게 한계가 다가온다.

그립 위치를 좀 더 높이면 앞으로 몇 센티미터 정도 기록을 늘릴 수 있을 것이다. 5센티미터를 높이면 그립 높이는 4미터45센티미터가 된다. 아마 그 정도가 그의 한계일 것이다. 여기에 더해 좀 더 단단한 유리섬유 장대를 써볼 수도 있다. 그러나 이것도 한계에 가까워지고 있다. 무리하게 그립 위치를 높이고 단단한 장대를 쓰면 도약 자체에서 균형을 잃고 만다.

그립 4미터45센티미터, 플렉스 넘버(경도) 22.0이라는 장대로 시합에 임한 건, 그가 일본 신기록을 세운 지 거의 5개월 후인 1981년 3월 24일이었다.

나고야에서 열린 실내국제선수권대회였다.

이 대회에서 다카하시는 5미터50에 성공했다. 기록을 더 늘렸다.

사람이 한계를 뛰어넘으려 할 때는 대개 대가를 치러야 한다. 많은 인간에게 육체는 가장 직접적으로 느낄 수 있는 한계다.

다카하시 도모미는 장대의 4미터45센티미터 부분을 잡고 플렉스 넘버 22.0의 단단한 장대를 이용해, 그립 위치보다 1미터5센티미터 높은 곳에 있는 바를 넘었을 때, 그 한계를 넘어버렸는지도 모른다.

그리고 그는 오른쪽 어깨 근육을 다쳤다.

머릿속에서 그려보는 것만으로는 믿을 수 없을지 모르겠지만, 폴 볼터가 높게 날아오르려 할 때, 몸을 새우처럼 접어 높이 치켜들고, 바를 넘어서기 위해 배를 돌리며 회전할 때까지 오른팔은 쭉 뻗어 있다. 그 오른쪽 팔에서 어깨 부분까지 과부하에 걸린 셈이었다.

그건 다카하시 도모미라는 폴 볼터가 한계에 너무 가까워졌다는 경고일지도 몰랐다.

하지만 그는 아직도 계속 뛸 생각을 한다. 누구라도 자신의 한계 따위는 인정하고 싶지 않은 법이다.

동시에 그의 마음속에는, 가야 하는 곳까지 가버렸을 때 존재를 드러내는 허무함도 있었다.

그가 "왜 허무할까……"라며 입을 뗐다.

"할 수 있는 데까지 했는데 난 뭘 얻은 걸까, 라는 생각을 해버렸어요. 기록……그뿐인 건 아닌가 하고요. 소련이나 동유럽 나라들처럼 스포츠에서 기록을 세웠다고 사회적 지위가 높아진다면, 저는 그 기록 이상의 뭔가를 얻었다고 할 수 있겠죠. 그게 좋은지 나쁜지와는 완전히 별개로, 현실에서의 저는 그냥 아무것도 없는 것 아닌가 하는 생각이 들어요.

가장 중요한 건 저는 학교 교사인데도, 학생들에게 뭔가를 가르칠 자신조차 없거든요."

이건 슬픈 결말일까.

아니면 단지 첫 번째 장이 끝났다는 걸 보여주는 대사일까.

그의 첫 번째 장은 이렇게 시작된 셈이었다.

"중학생 때였어요. 입학한 지 얼마 안 됐을 때였죠. 어느 날, 운동장 구석에 있는 장대높이뛰기 매트 쪽에 있었어요. 거기에 대나무 장대가 있었죠. 맞은편에는 크로스바가 있었는데, 그 대나무로 크로스바를 넘으려 했어요……."

문득 생각나는 대사가 있다.

헤밍웨이는 어느 단편소설에서 이런 대사를 썼다.

"스포츠는 공명정대하게 이기는 걸 가르쳐주고, 또 스포츠는 위엄 있게 지는 법도 가르쳐준다.

그러니까……"

하고 그는 계속 말한다.

"스포츠는 모든 것을, 즉 인생이란 걸 가르쳐준다."

나쁘지 않은 대사다.

수록작 발표 지면

8월의 카테일 광선

〈465구의 기적〉(〈스포츠그래픽넘버〉 9호 1980년 8월 20일)의 제목을 변경

에나쓰의 21구

〈스포츠그래픽넘버〉 1호 1980년 4월 20일

단 한 사람의 올림픽

〈문예춘추〉 1980년 8월호

등번호 94

〈야성시대〉 1981년 3월호

더 시티 복서

〈야성시대〉 1981년 5월호

김나지움의 슈퍼맨
〈벽을 향해 쳐라〉(〈소설신초〉 1981년 8월호)의 제목을 변경

슬로 커브를 한 번 더
〈야성시대〉 1981년 4월호

폴 볼터
〈야성시대〉 1981년 6월호

옮긴이의 말

"스포츠는 모든 것을, 즉 인생이란 걸 가르쳐준다"는 대사처럼 스포츠의 세계가 늘 행복한 것만은 아니다. 이 책에 나오는 선수들 중에는 슈퍼스타도 있지만 전혀 주목 받지 못하고 사라진 이들도 있다.

어렸을 때부터 야구를 했지만 주목받지 못한 선수들, 프로에 들어갔지만 1군 등판 한번 못 해보고 배팅볼 투수가 된 선수, 비인기 종목에서 고군분투하는 선수. 심지어 레전드라 불리는 이들조차 남몰래 눈물을 훔쳤거나 기록 뒤에는 대체 뭐가 있나 자조하며 허탈해한다.

그들의 삶을 우리말로 옮기다 문득 궁금해졌다. 40년도 더 지난 지금, 이들은 어떻게 됐을까.

〈8월의 칵테일 광선〉에서 무려 16이닝 동안 208구를 던지고 4실점을 하며 패전투수가 된 세이료고등학교의 가타다 도시아키. 그는 졸업 후 야구를 그만두려 했지만 당시 주심이었던 나가노 모토하루가 건네준 공을 볼 때마다 생각했다고 한다. 그 경기에 부끄럽지 않은 삶을 살겠다고. 결국 마쓰시타전기(현 파나소닉) 실업팀에 들어갔지만 5년 동안 1승 1패를 기록하고 매니저로 전향했다. 이후 사회인 야구 심판을 맡는 등 심판으로서의 생활을 계속하다 2023년부터 일본고등학교야구연맹 이사로 재임 중이다.

총 257구를 뿌렸던 미노시마고등학교의 이시이 다케시(현 기무라 다케시)는 졸업 후 스미토모금속 실업팀에 들어갔다. 좋은 성적을 거둔 그는 1982년 드래프트에서 세이부 라이온즈에 지명됐지만 요통 때문에 이렇다 할 성적을 남길 수 없었다. 그의 프로 생활은

1988년까지였다. 지금은 간사이 와카야마현에서 스포츠용품을 판매하는 주식회사 '헬서'를 운영하며 청소년 육성 사업 등을 펼치고 있다.

〈에나쓰의 21구〉에서 스퀴즈 번트에 실패했던 긴테쓰 버펄로스의 이시와타 시게루(주인공 에나쓰 유타카는 한국어로 검색해도 모든 기록을 볼 수 있어 생략한다). 그는 1981년부터 타격 부진에 빠졌고 이후 출전 기회가 계속 줄어들었다. 결국 1983년 개막 직전 3월, 요미우리 자이언츠에 트레이드되었고 주로 대타나 대수비로만 나오게 된다. 그리고 얼마 지나지 않은 1985년 현역 은퇴를 한다. 이후 긴테쓰의 스카우트, 후쿠오카 소프트뱅크 호크스 2군 감독 등을 맡았다. 2019년 일본 독립리그 베이스볼챌린지리그에서 제너럴매니저를 맡았지만 현재는 퇴단한 상태다.

〈단 한 사람의 올림픽〉에서 조정을 했던 쓰다 마사오. 올림픽과 연이 없었던 선수들의 이야기를 다룬, 야마기와 준지의 또 다른 책 《단 한 사람의 올림픽》에서 쓰다 마사오의 이후 이야기가 조금 나온다. 쓰다가 조정을 그만두긴 했지만 조정의 세계를 완전히 떠난 건 아니었다. 1984년 로스앤젤레스올림픽을 목표로 하는 제자가 생겨서였다. 그 제자는 〈단 한 사람의 올림픽〉을 읽고 충격을 받은 뒤 쓰다를 찾아왔다고 한다.

〈등번호 94〉의 주인공 구로다 신지. 그에 관해서는 찾을 수 있는 정보가 없었다. 다만 기록상 1985년까지 배팅볼 투수를 했던 것 같다. 이 글의 시간적 배경이 1980년이니, 햇수로 약 6년 정도 일한 셈이다.

〈더 시티 복서〉의 복서 가스가이 겐. 그는 이 글에 나온 경기 이후 3년간 시합에 나가지 않다가 1983년 12월 10일 일본 오사카에서 우리나라 선수 전주도와 IBF(국제복싱연맹) 슈퍼플라이급 초대 챔피언 결정전을 가졌다. 결과는 전주도의 5라운드 TKO승이었다. 이후 기록은 찾을 수 없었다.

〈김나지움의 슈퍼맨〉 속 세일즈맨이자 스쿼시 일인자였던 사카모토 세이지. 그는 퇴직할 때까지 자동차 2,345대를 판매했고, 무수한 타이틀을 획득하던 최전성기를 지나고도 스쿼시를 계속했다. 2018년 무렵

무릎 인공관절 수술을 했지만 그해 11월에 열린 전일본스쿼시선수권대회 마스터스 부문 60세 이상에서 우승을 거뒀다. 5년이 흐른 2023년 11월 77세가 된 그는 마스터스 부문 70세 이상에서 다시 한번 우승을 거뒀다. 마스터스 부문에서 거둔 열한 번째 우승이었다. 그는 경기 직후 이뤄진 우승자 인터뷰에서 "몇 살을 먹든 우승하는 건 정말 기쁘다"고 말했다. 스쿼시의 신이라 불리는 그의 등 뒤에는 'GOD.SEIJI'라고 쓰여 있었다.

〈슬로 커브를 한 번 더〉의 주인공 가와바타 슌스케. 그는 고등학교 졸업 후 와세다대학에 진학해 교원 자격증을 취득한 뒤 초등학교 교사로 일하며 연식야구에도 몰두했고, 2012년 그의 모교인 다카사키고등학교가 두 번째로 봄 고시엔에 출전했을 때는 고시엔에서 후배들을 응원했다고 한다. 그리고 2019년 10월 22일 다카사키의 자택에서 사망했다. 〈슬로 커브를 한 번 더〉의 주인공이라 사망 기사도 나왔는데, 그의 아내는 이런 말을 남겼다. "남편은 집에서도 공을 던졌다. 무언가 하나를 계속한다는 게 멋있었다."

〈폴 볼터〉의 주인공 다카하시 도모미. 그는 1980년 5미터43을 넘은 후, 4년 뒤인 1984년 5미터53을 넘으며 역대 일곱 번째로 일본 신기록을 세웠다. 로스앤젤레스올림픽 국가대표로도 뽑혔지만, 예선에서 5미터30을 기록하고 결승 진출 후 기록 없이 12위로 끝났다. 기록 말고 발견한 건, 1984년 로스앤젤레스올림픽 후원사인 코카콜라 CM에 출연했다는 것과 2016년 3월 23일 〈시코쿠신문〉이 운영하는 〈비즈니스라이브〉라는 매체에 교직 인사이동으로 기사가 실렸다는 것뿐이었다. 유료라 기사 내용은 볼 수 없었지만, 적어도 2016년까지는 학교에서 아이들을 가르쳤던 것으로 보인다. 기사에 실린 그의 상반신 사진 속, 아웃포커싱된 배경에는 크로스바와 그 주변에 선 아이들 몇 명이 보였다.

프로 선수가 아니더라도 누구에게나 뜨거운 한때가 있을 수 있지만, 이 책을 번역하는 동안 난 인생의 한

여름을 겪어본 적이 없다는 생각이 들었다. 치열했던 시기는 있지만 그건 그냥 당시 내가 처한 상황 혹은 그 위치가 싫어서였지, 다른 뭔가를 하고 싶어서는 아니었다. 하고 싶어서, 정말로 하고 싶어서 죽도록 노력해본 적은 슬프게도 한 번도 없었다. 그러니 이렇다 할 기록을 남기지 못했더라도 하고 싶은 걸 하기 위해 싸워본 선수들은 얼마나 대단한 이들인가.

야마기와 준지가 이 책에 쓴 것처럼 승리와 패배는 언젠가 갈라져야만 한다. 누군가는 반드시 패자가 될 수밖에 없다. 패배는 쓰라리고 더러는 비참하기까지 하다. 그러나 우리 모두 100번의 패배가 101번의 패배를 보장하지 않는다는 걸 안다.

게다가 패배한다는 건 싸웠다는 걸 의미하지 않나. 승패를 떠나 무엇에 매달려 지독하게 싸워본 인간의 세계는 확장될 수밖에 없다. 오로지 하고 싶은 무언가를 위해 하얗게 타올랐던 감각. 찰나라 하더라도 그 감각을 느껴본 이는 남들과는 다른 삶의 궤적을 그릴 것이다.

이 책을 읽은 모든 이가 자신의 뜨거웠던 한때를 떠올리길, 떠올릴 한때가 없다면 지금이라도 죽도록 전념할 수 있는 무언가를 찾을 수 있길 바란다.

저 먼 하늘에서 야마기와 준지가 당신에게 사인을 낸다. 자, 슬로 커브를 한 번 더.

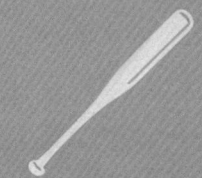

슬로 커브를 한 번 더

초판 1쇄 발행 2025년 6월 30일

지은이	야마기와 준지	이메일	moro@morobooks.com
옮긴이	고은하	X	@morobooks
편집	조은혜	인스타그램	@morobooks
디자인	세나리		
펴낸이	조은혜		ISBN 979-11-989725-3-8 02690
펴낸곳	모로		
출판등록	제2020-000128호		
등록일자	2020년 11월 13일		